大使回忆

中俄关系的难忘岁月

周晓沛
[俄]叶·弗·阿法纳西耶夫 主编

新华出版社

图书在版编目（CIP）数据

大使回忆：中俄关系的难忘岁月 / 周晓沛，（俄罗斯）阿法纳西耶夫主编．
北京：新华出版社，2024. 12.
ISBN 978-7-5166-7802-2
Ⅰ . D829.512
中国国家版本馆 CIP 数据核字第 202431C6V5 号

大使回忆：中俄关系的难忘岁月
主　　编：周晓沛　[俄] 阿法纳西耶夫

出 版 人：匡乐成	选题策划：张　谦
责任编辑：张　谦	封面设计：今亮后声

出版发行：新华出版社有限责任公司
地　　址：北京石景山区京原路8号　　　邮　　编：100040
网　　址：http://www.xinhuapub.com
经　　销：新华书店、新华出版社天猫旗舰店、京东旗舰店及各大网店
购书热线：010 - 63077122　　　中国新闻书店购书热线：010 - 63072012

照　　排：六合方圆
印　　刷：河北鑫兆源印刷有限公司

成品尺寸：170mm×240mm　1/16
印　　张：18　　　　　　　　　　字　　数：250千字
版　　次：2025年1月第一版　　　印　　次：2025年1月第一次印刷

书　　号：ISBN 978-7-5166-7802-2
定　　价：78.00元

序　言

　　1949 年 10 月 2 日，即中华人民共和国成立的第二天，苏联率先承认新中国，并同我国建立外交关系。今年是中俄建交 75 周年，在两国几代领导人和社会各界有识之士的共同努力下，面对国际风云变幻的考验，中俄关系披荆斩棘，历久弥坚。四分之三个世纪以来，双方不断提升中俄关系定位，丰富两国合作内涵、深化全面战略协作，永久睦邻友好的理念日益深入人心。

　　新时代以来，在习近平主席同普京总统的战略引领和亲自掌舵下，中俄关系这艘巨轮劈波斩浪，始终沿着正确的方向稳稳航行。面对百年未有之大变局，中俄关系彰显成熟、健康、稳定、坚韧的特质，为变乱交织的世界注入难能可贵的确定性和正能量。新时代的中俄关系早已超越双边关系范畴，具有极其重要的战略性和全局性影响，牵动和塑造着国际秩序和全球政治格局。

　　在中俄共庆建交 75 周年之际，中俄友好、和平与发展委员会老朋友理事会编撰的《大使回忆：中俄关系的难忘岁月》一书，由新华出版社出版发行。中俄两国 20 位资深退休外交工作者亲述回忆，亲自动笔，从小切口、小故事讲起，辅以一手史料，既原汁原味重现了中俄（苏）关系的历史细节，也生动描绘了两国关系富有前景的未来。

　　外交既是国与国的交往，也是人与人的情谊。除了讲述外交生涯中亲历的中俄（苏）关系重要历史事件、双边交往点滴外，中俄两国老一辈外交工作者还在这本书中分享了同彼此国家人民及语言文化结缘的心路历程、成长道路上值得追忆的人生片断，以及如何由谈判对手成为人生挚友的感人故事等。外交前辈们以有笑有泪的亲身经历和有血有肉的细腻笔触，述说如何作出正确的人生选择，如何在为国家民族事业奉献的过程中实现人生价值，他们的共同特点是，胸中始终抱持着深厚的家国情怀。

由于篇幅所限，本书仅能收录部分老外交官的亲述回忆。他们不仅是中俄（苏）关系的见证者，更是积极参与者、推动者，是为中俄关系倾注心血的无数外交工作者中的代表。借此机会，谨向他们表达崇高敬意和真挚感谢！

中华民族向来重视存史、资政、育人。出版《大使回忆：中俄关系的难忘岁月》一书，对于帮助两国民众从另一个侧面认识中俄（苏）关系史，了解中俄新时代全面战略协作伙伴关系的历史逻辑和内生动力，传承世代友好，都具有重要意义。相信书中收录的珍贵历史资料对两国外事工作者、专家学者和年轻一代同样具有启迪意义。我们有理由期待，在双方各界人士的共同努力下，中俄友好的精彩故事必将不断续写新的篇章！

中华人民共和国外交部副部长

2024 年 10 月

致读者

外交官在职业生涯中亲历和见证的很多大事往往会积淀成为斑斓厚重的回忆。

因此，追随老同事们的思绪，回忆他们在异国他乡工作和生活的点点滴滴，该是多么有意思且富有启迪啊！而那些个人命运和职场生涯与俄中关系紧密交织的外交官们，必然亦是如此。

将几十载青春年华奉献给苏中、俄中关系的老一辈外交官愿意同广大读者，包括研究中国的专家和学者分享自己的经验，实为一大幸事。

编纂这本回忆录的想法是由阿法纳西耶夫大使和俄方同事向张德广大使、李辉大使和中俄友好、和平与发展委员会老朋友理事会中方主席周晓沛大使（俄方主席是杰尼索夫大使）提出的。

2023 年 9 月，老朋友理事会在北京举行活动，俄罗斯驻华大使莫尔古洛夫当时也在场，大家一致同意这一想法并决定将本书献礼中华人民共和国成立 75 周年和俄中建交 75 周年。

双方共有 20 名资深外交官参与撰稿。虽然想投稿的人有很多，但由于出版时间紧迫，撰稿人数也只能是这么多了，我相信他们将来还有投稿机会。

本书收录的文章选材丰富，笔法风格各异。作者们讲述自己的人生经历，比如为什么选择中文或俄文专业，为什么醉心于俄罗斯和中国历史文化，个人生活和外交生涯有哪些经历等等。每位作者都不吝分享对俄中两国关系各发展阶段，包括艰难曲折时期的个人感悟、心理感受和作为一线外交官的经验和看法。有些作者秉持正式行文风格，有些却不失幽默，甚至拿自己"开涮"。

本书作者们在回忆自己人生的引路人——老师、领导、知名俄罗斯和中国问题专家时着墨甚多，对那些点亮他们外交生涯的金玉良言充满感激。

书中俄方部分文章按照作者从事俄中关系工作的截止时间先后排序，其中一篇文章回顾的是苏联解体后双边关系刻骨铭心的转折时刻。最后以俄驻华大使莫尔古洛夫对俄中合作发展展望收尾。

中方部分也采用类似做法排序，从中俄关系元老级人物回忆逐步进入新时代，时间跨度相当大。中国前驻俄罗斯大使李辉详细阐释了在习近平主席和普京总统共同引领下双边关系如何提质升级，并就推动新时代全面战略协作伙伴关系向前发展提出自己的见解。

关于中国杰出外交家钱其琛和田曾佩的章节是由与他们一起共事过的大使撰写，内容相当引人入胜。书中还介绍了两国外交部主管部门联合编制和出版俄中关系档案文集的情况。新华社莫斯科分社原社长万成才则分享了几十年来与俄罗斯著名政治家和专家学者交流的独家回忆。

必须指出，对同一事件的评价有时大相径庭。这是可以理解的：每个参与者都有权对双边关系不同阶段和不同事件有自己的主观看法，因为双边关系发展历程并非一帆风顺。当然，这种评价必须结合当时的历史大背景，而历史背景往往又是相当复杂的。最重要的是，本书所有作者都有一种共同的情怀和使命：始终笃信俄中两个伟大邻国能够通过耐心对话最终化解分歧，找到双方都能够接受的解决方案，并在睦邻友好和兼顾彼此利益的基础上建立牢固的全面伙伴关系。并肩工作的时光让俄中两国外交官的心贴得更近，他们不仅是同事，更成为真正的老朋友，而共同创作本书又让他们的心跳动在一起，重温那共同的"外交韶华"。

这样的记忆尤为可贵，它能够将俄中优良传统、深厚友谊和相互尊重的精神传递给两国的年轻一代，不仅是青年外交官和国别研究者，还可以在广大读者中远播。我相信，俄中合作和睦邻友好合作关系将翻开新篇再著华章。作为世界百年变局的亲历者，我们完全有理由坚信，俄中关系的故事必将更精彩更辉煌。

安·尤·鲁登科
俄罗斯联邦外交部副部长

目　录

作 者 简 介

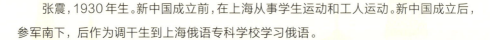

    张震,1930年生。新中国成立前,在上海从事学生运动和工人运动。新中国成立后,参军南下,后作为调干生到上海俄语专科学校学习俄语。

    1955年毕业后分配到外交部,曾任苏联东欧司苏联处副处长。到驻苏联使馆后,历任随员、二秘、一秘、参赞、公使衔参赞、首任驻列宁格勒总领事。1992年首任驻乌克兰大使。

    1995年离休后,从事民间对外社团工作。

中俄友好不会失忆

张 震

（中国驻苏联列宁格勒原总领事，原驻乌克兰大使）

小序－破题

2024 年 10 月 2 日，是中俄建交 75 周年纪念日。1949 年 10 月 1 日新中国成立第二天，中俄就建交了。今年，我们与俄罗斯老朋友同时迎来新中国国庆和中俄建交 75 周年两个盛大节日。

新中国建立前，外国驻南京外交使团听从国民党政府安排，相继移迁到广州。1949 年 1 月 31 日北平和平解放，美、英等国驻北平总领事馆尚未溜号但门庭冷落，唯有苏联驻北平总领事馆门庭若市，齐赫文斯基总领事与新北平市长叶剑英成了莫逆之交，成了毛泽东主席等中国领导人的座上客。

当年 6 月至 8 月，刘少奇率团秘密访苏，会见了斯大林等苏联党政领导人，就两国建交问题和苏对华经济和国防建设的援助等问题交换意见，初步达成部分协议。齐赫文斯基总领事参与了此访的安排。葛罗米柯外长关于中苏建交的来文，是齐赫文斯基总领事面交周恩来外长的。新中国中央人民政府成立典礼，有一个耀眼的看点：在北京天安门城楼正中检阅台上，出席庆典的唯一外宾就是齐赫文斯基总领事。事隔多年后，他与我谈起其参与中苏建交经历，显得格外地兴奋。

★ 作者（左1）与齐赫文斯基总领事合影

苏联解体前的 40 逾年，我们将之称为中苏建交日。俄罗斯成为苏联继承国，中苏建交日自然地易称为中俄建交日，亦逾 30 年了。当前，中俄关系正处在历史最佳时期。

在当今世界，国际形势和国际关系正在发生前所未有的、深刻而复杂的变化。面对这个全球性变局、难得的机遇、严峻的挑战，中俄两大国进一步加强友好合作共赢关系，是内外发展战略协作的刚性要求。中俄老朋友理事会双方不约而同地提出：为庆贺中俄建交和新中国国庆 75 周年，组织双方大使撰文，出版《大使回忆》一书，其宗旨是向年轻人传承两国人民世代友好的和平理念。我以行动响应这好主意，把自己记忆所及在驻在国工作生涯中或亲历或所闻的一些不连贯情节，以中俄友好赓续中苏友好为主线，串成此文作为对两个节庆的献礼！

中俄友好赓续中苏友好

在苏联解体前，中苏党际、国间半个世纪关系，既有过风和日丽的时刻，也有过雷雨交加的日夜，但外交战线上双方的老朋友不忘在工作交往中积淀的友好情谊，在俄罗斯作为苏联继承国新条件下，开创性地设立了中俄友好、和平与发展委员会，在其麾下还构建了老朋友理事会这样的友好活动平台，承袭中苏友好传统，致力于中俄友好的赓续。

我自 1955 年起就从事对苏外交，在驻苏、驻俄使馆工作了三轮逾20 年，曾任参赞、公使衔参赞、使馆临时代办，1992 年起任驻乌克兰首任大使三年。1995 年 5 月我从驻乌克兰大使岗位上离休，但离而不休发挥余热，聚焦民间乌克兰事务，参加中俄老朋友俱乐部的一些活动。在俄驻华使馆举办的一次活动中，遇见了几位阔别多年的"年轻老友"，例如不久前才离任的杰尼索夫大使和特地从河内赶来参加活动的俄驻越大使伍努科夫，令我格外地激动。中方参与者大多是退休外交官，都是同事过的熟人，但来自不同的单位，且彼此"失散"了多年，难得聚集在一起，亲切感人皆形于色。引发我兴奋的是，不期而遇一位老朋友——原新华社莫斯科分社记者万成才。前两年由于处在疫情防控期，中方俱乐部成员通过网络保持联系，彼此隔空嘘寒问暖，议论外交热点问题，为落单的家居生活增添乐趣。

我引以为豪的是：我是中苏友好全过程亲历人，从 1955 年 5 月到中国驻苏联使馆工作，至 1991 年 12 月苏联解体，还有机会当了大半年的驻俄使馆临时代办，现在是中俄友好的积极分子。这使我有年轻人不及的优越性——对不同时期的中苏、中俄友好关系具有可比性的回忆。其实，比我更能这样"摆谱"的，除原副外长刘述卿（上世纪 70 年代曾任驻苏联使馆政务参赞）以外，今年他已经 98 岁高龄，还有原副外长田曾佩（曾任驻苏联使馆政务参赞）和原大使郗照明（曾任驻苏联使馆公使衔参赞），咱们哥仨也都是"九〇后"同龄人。与

★ 作者（左1）为俄罗斯首任驻华大使罗高寿饯行合影

此同时，我必须指出，老朋友俱乐部里的中方成员，有十来个七八十岁的老大使，是比我们年轻一茬的，既知苏联、更知俄罗斯，活动能量显强于我辈。最年轻的王开文和季雁池这两位大使论年龄才六十开外，更是中俄友好活动中的佼佼者。

感到遗憾的是，在活动中再也见不到苏俄知华领军者罗高寿老友的身影，就在前些年他还应我邀到京相聚过一次，据告是车祸致伤离世了。贾丕才和贾布候，是我在驻在国工作期间彼此往来接触最多的两位对方老友，据说已经早于罗高寿先后仙逝。真令人沮丧啊！但正如原国务委员戴秉国所期盼："薪火相传，世代友好"——2014年版《中国和俄罗斯的故事》一书封面题词。友好的事业自有后来者，中俄友好积极分子队伍将自在地越来越壮大。

谈了老朋友俱乐部活动，不由地想起了勃列日涅夫时期使馆与驻在国双方外交官通过某种正式、非正式渠道进行接触的点滴情况。在上世纪七八十年代，两国关系处于僵持状态，一时解决不了的大问题可搁着，但有些小问题却急需解决。咋办？双方高层外交官会晤的机会较少，但低级别外交官会晤可能性多一些，问题在能否找到彼此认为可行的随意形式。在北京，谓之为"电影渠道"，周晓沛大使对此已经著文作了详细介绍，不赘述了。在莫斯科，中国大使馆与苏联外交部远东司，双方外交官之间也设有谓之"桑拿外交"的接触渠道。我便毛遂自荐，心想苏联人爱好芬兰桑拿浴，可否借以增加双方低级别外交官之间的接触，在大使认可下建了一间桑拿浴室，全套设备自芬兰进口。我相机与苏联外交官进行了试探性的讨论。双方一拍即合，开启了"桑拿外交"的活动。洗桑拿浴时人们一丝不挂，不拘一格坦诚交谈，双方打趣称其为"裸体外交"。老朋友俱乐部的大部分成员，就是当年"桑拿外交"的参与者。这也是中俄友好赓续中苏友好的体现。

"桑拿外交"的第一个活动，还是由苏方主动组织的，地点在苏联外交部的郊外别墅，主客方参与者的官阶都很高，主方由贾丕才副司长率领，客方由刘新权大使率领。当时两国关系乍暖还寒，双方缺席了多年的大使重返岗位，但两国关系解冻有待于来日，而此刻在"桑拿外交"活动场所，双方参与者却感受不一般，似乎沐浴在桑拿氛围中。活动中有一个小插曲——贾丕才从火热的浴室中裸奔而出，在冰冷的雪草地上打滚，令中方参与者惊讶不已。"桑拿外交"活动由此频繁地开展起来了，双方轮流主办，实现了开辟正式、非正式接触渠道的宗旨。

中苏关系在"蜜月"时期

1947年我16岁时，在上海从事党的地下工作，就从地下出版物中得知：十月革命发源地在俄罗斯，苏联是世界上第一个社会主义国

★ 1978 年 12 月，张震（左 1）出席苏中友协的友好活动

家，还有关于列宁、斯大林的革命事迹。从此不由己萌生了憧憬着哪一天前往俄罗斯瞻仰的初心。新中国成立后我入伍，过了几年军旅生活，于 1952 年作为调干生调派到上海俄语专科学校学习，毕业分配到外交部，并直接去驻苏联使馆。未料及自己从旧社会学徒工居然成了新中国外交官，并且一生搞外交仅限于与苏联一国，遂愿与苏俄各族人民直接建立难忘的情结。每逢与中苏党际、国间关系相关的节日，我由衷产生愉悦的怀旧，而每逢苏联解体之"忌日"，我总是心怀莫名的惜别之情，三言两语聊表切肤之心绪。

　　1955 年至 1962 年，我在驻苏联使馆工作，经历中苏"蜜月"七个年头。称得上"蜜月"的党际、国间关系，仅限于两国建交后那七八年。双方都得惠，中方得惠自相对多些。中苏结盟，有利于苏联改善国际安全环境，但更切合新中国国际安全的需要。就在这几年，中国工业取得奠基性的发展。中国朝野的老辈人认为，赫鲁晓夫不失为斯大林援华决策的实施者。从 1957 年到 1959 年，尤其是前半期，双方合作显得格外密切。苏方在务实领域与中方进行全方位援助性合作，落实了苏援华 156 个大型工业项目，增加了贷款的数量，派遣大批苏联专家来华工作。新中国第一个经济发展五年计划还是在莫斯科制定的。

中苏友好在 1957 年达到高峰。毛主席率团参加十月革命 40 周年庆典，在讲话中他表示全面支持苏联内外政策。由苏联党提出、中国党支持的两个兄弟党国际会议——社会主义国家兄弟党会议和全球兄弟党会议，胜利召开并取得成功，这与毛主席凭借其个人威望所做的会内外工作分不开。使馆为毛主席这次来苏访问建立了一个工作班子，我负责其中的材料组，每天出一份简报，译编苏联国内外新闻，供代表团用。小组成员中有王钢华、张大可、李凤林三个留学生临时调来使馆工作，毕业后分配到使馆，后来都成长为大使级外交官。简报设有思想理论栏目，反映苏联哲学社会科学的新动态，由他仁来承担。令人难忘的是，有那么一次，刘晓大使兴冲冲地告诉大家，毛主席表扬你们出的简报了。主席说，简报中哲学社会科学的栏目，"我喜欢看"。

同年同月，苏联决定成立苏中友协，并且在某些加盟共和国和州、市建立分会，会长由斯大林时期曾任党中央政治局委员的安德烈耶夫担任。苏联一贯通过其对外友协，统一办理其与世界各国的民间友好工作。苏方单独成立苏中友协，且其会长的资历远高于苏联对外友好协会，是其重视中苏友好的一个标志性举措。苏中友协是个半官半民机构，即使在党际、国间关系不正常的时期，各种友好活动从未停过。我经常参加其组织的活动，有幸与中苏建交第一个见证者齐赫文斯基会长结成了忘年之交，与中国友谊勋章获得者库里科娃副会长成了莫逆之交，引以为荣。

我觉着一生最庆幸的是，在毛主席第二次访苏期间，近距离接近毛主席三次，第一次是作为使馆武官韩振纪中将的译员到机场迎接，听见两人对话：主席说"你是小韩，我记得你"。韩说"是，毛主席，延安时我在警卫连"。我惊讶毛主席记忆这么好！第二次是毛主席到

使馆接见全体工作人员，我是有机会与主席握手的幸运的一个。第三次是作为使馆工作人员与留苏学生在莫斯科大学聆听主席讲话，就是说"年轻人是早上八九点钟的太阳"那一次。这应算是我个人在中苏蜜月时期一次稀罕的荣光。

见证戈尔巴乔夫访华

中苏关系正常化磋商始于上世纪80年代初，由于卡在了消除"三大障碍"问题上，谈判无进展。戈尔巴乔夫主政苏联后，谈判进程才发生转折性变化。在北京会晤中，戈尔巴乔夫对邓小平说：您提出要消除"三大障碍"，我花了三年才解决，一年解决一个。

1989年5月，于洪亮大使要回国参加接待戈尔巴乔夫访华，我从驻列宁格勒总领事岗位上被紧急调回莫斯科使馆，履行临时代办职责。我到机场送行并迎归戈尔巴乔夫访华，有机会沾边中苏领导人为实现中苏关系正常化而举行的历史性会晤，有点庆幸地感到此生不虚。我觉着，戈尔巴乔夫去北京时面色凝重，语音显嗫嚅，说"此访很重要，

★ 1989年5月18日，张震临时代办到莫斯科机场迎接访华归来的戈尔巴乔夫

相信访问能成功"；而回莫斯科时其面色透着愉悦，说话又明快："我们完成了一件大事，应该说，我们和你们都感到满意。这次访问在各个方面都取得了成功，我们的关系进入了一个崭新的阶段"。看得出，戈尔巴乔夫看好中苏友好事业的未来。

中国的老友阿尔希波夫

戈尔巴乔夫访华取得了巨大成功，实现了中苏关系正常化。应该指出，在这一过程中，中国人民的老朋友阿尔希波夫来华"融冰提温之旅"，对推动关系正常化作出了不可或缺的个人贡献。

阿尔希波夫的访华之行，是中苏双方都乐见的举措。中苏关系风风雨雨的50年，在世的老一辈见证者，当时在中国还有好几位如陈云、李先念、万里、彭真等，而在苏联领导层仅剩葛罗米柯和阿尔希波夫。据知情人士称，葛罗米柯曾借故表示反对安排阿尔希波夫访华，真实的原因并非有意阻碍中苏关系正常化进程，而是希望由他自己首先访华以迈出改善中苏关系的第一步。中方对阿尔希波夫的重视，通过一事亦可见一斑：苏方曾提出阿尔希波夫可以使馆客人身份访华，中方表示，如阿尔希波夫作为中方自己的客人访华，安排接待更为方便。在双方共同努力下，此访在1984年年底成行，除双方副总理级会谈外，阿尔希波夫会见了陈云等老朋友。通过这次访问，双方恢复了中断多年的务实合作。1969年双边贸易额下降到历史最低点，仅为1.2亿瑞郎，1982年回升至6亿瑞郎，而1985年则达到46亿瑞郎。我要强调指出的是，阿尔希波夫对中苏关系正常化的个人贡献，不止于此，还有更出彩的：助力戈尔巴乔夫访华。

关于中苏党际意识形态之争，1989年5月邓小平与戈尔巴乔夫会谈中给出了既善于外交、又凸显务实的结论：回过头来看，双方讲的许多都是空话，马克思逝世一百多年，……在变化的条件下，如何认识和发展马克思主义，没有搞清楚，那些争论，我们也不相信自己是

★ 作者夫妇与老朋友阿尔希波夫在别墅合影留念

全对的。在来途中自称"晚辈"去见"长者"的戈尔巴乔夫谦虚地表示：我年龄比您小，不想对此加以评论，指望您评价，我同意您的基本想法。戈尔巴乔夫这样表态，与阿尔希波夫为其成功访华做好政治铺垫分不开。阿尔希波夫受托为戈尔巴乔夫访华做准备，起草了一份文件《苏中冲突的原因和过程》，作为与中方谈判时对问题如何表态的参考。文件中承认，把意识形态分歧扩大到国家关系，在较大程度上是苏方的责任，是赫鲁晓夫的错误，即使苏方在争论的重大问题上的方针和立场是正确的，使用的方式方法本身就背离了兄弟党关系和社会主义国家关系的准则。

中苏关系正常化以后，阿尔希波夫成了使馆座上客。我和我的同事也经常到其别墅做客。有一次，我和夫人到其别墅去做客，在交谈中只要话题涉及他在中国工作与中国同事的友好交往，滔滔不绝讲个不休，有时不由己溢出兴奋的泪光。给我的印象是，别墅很简朴，陈设亦一般，然而数个礼品柜格外令人醒目，里边摆满中国产的手工艺品。他如数珍宝地给客人介绍，哪件是哪个中国朋友给他的。中国有一句俗谚："千里送鹅毛，礼轻情意重"。阿尔希波夫礼柜内这些小摆设凝结着其中国老朋友的一片永不过时的深情厚谊。

怀揣俄罗斯友谊奖章出使乌克兰

大概是 1992 年 2 月底 3 月初，我接到国内来电：离开莫斯科岗位去基辅就任驻乌克兰大使。正是在我出发前夕，使馆秘书处告知，苏联对外友协决定授予我一枚"友谊奖章"，将于日内举行授奖仪式。苏联已解体，苏联对外友协自改由俄罗斯联邦政府管辖，推出此举令

★ 作者与苏中友协名誉会长齐赫文斯基、对外友协副会长霍莉卓娃合影

我感到意外。

授奖仪式简朴但隆重,设有主席台,台下坐有五六十人。苏联对外友协副会长霍莉卓娃代表其会长捷列什科娃(世界上第一位女宇航员)宣读授奖决定,并当即授予我奖章。仪式将结束,场下站起来一人,要求我回应其提出的问题:中苏友好就是中俄友好。您即将就任中国驻乌克兰大使,您将怎样对待未来俄乌关系?我当时的回应大意是:苏联是解体了,但在"我的第二故乡"工作了那么多年头,我与曾经的苏联,与俄罗斯族和乌克兰族结下的情缘是不可解的。坦言之,作为中国驻乌克兰大使,我首先将关注中乌关系,但保证不会做有损于中俄友好关系的事。我的表态得到了全场鼓掌。我至今还记得,这个提问者名叫梅列尼科夫,是一个资深汉学家。

2006年,北京人民大会堂隆重举行中俄友好年活动。我有机会与捷列什科娃女士会见,畅叙友情。当我提及她领导的对外友协授予我"友谊奖章"的时候,她敏捷地回应说:那是对外友协仅剩的一枚,也是苏联解体后授予外国友人的唯一的一枚,是"我个人提议授予中国友人的,当然不是我个人行动"。

张德广，1941 年生于山东省济宁市。1965 年毕业于北京外国语学院俄罗斯语言文学系。

1965—1973 年在外交部翻译室工作。1973—1977 年任中国驻苏联大使馆随员。1977—1987 年任外交部苏欧司中苏谈判办公室二秘、一秘、副主任。1987—1992 年任驻美国大使馆参赞。1992—1993 年任驻哈萨克斯坦首任特命全权大使。1993—1995 年任外交部欧亚司司长。1995—2001 年任外交部副部长。2001—2003 年任驻俄罗斯特命全权大使。2004—2006 年任上海合作组织首任秘书长。

2007—2013 年任中国国际问题研究基金会理事长。2007—2017 年任中国中亚友好协会会长。

难忘的一位好伙伴

张德广

（中国驻俄罗斯原大使，外交部原副部长）

　　我与俄罗斯朋友罗高寿交往近三十年，最初认识他是在上个世纪80年代初。那时，罗高寿已经是苏联外交部的重要官员和知名的中国问题专家。中苏两国政府开始国家关系正常化谈判之后，我才有机会与罗高寿近距离接触。

　　苏联代表团的团长是伊利切夫副外长，罗高寿是副团长；中国代表团的团长是钱其琛副外长，我是代表团中的一个小专家。谈判轮流在两国首都举行。由于我与罗高寿的身份相差悬殊，我很少有机会能与他直接交谈，我对他的印象更多来自观察和感受。谈判涉及许多重大原则问题，双方都不乏攻击性言辞，常常发生激烈交锋和尖锐对立。我发现，罗高寿总是不动声色，端坐在那里，偶尔与眯着眼睛的伊利切夫耳语，然后在纸上快速写着什么……时隔多年，有一次我们轻松地谈起往事，罗大使说："两国关系正常化谈判时，钱部长的发言中引用了一句俄罗斯谚语'砍倒木桩，篱笆自然倒'这出自阁下的手笔吧？"这使我大为惊诧，罗高寿不仅还记得这个小小的插曲，而且猜中这句话是我出的点子！这个谚语是我从俄语字典中找来的，所谓"木桩"是比喻在两国关系中的重大障碍，具体指苏联在蒙古和阿富汗驻军、支持越南侵略柬埔寨等，引用这个谚语是要苏联做出努力，排除两国关系中的这些障碍，

★ 张德广（左）和罗高寿在中国驻俄罗斯使馆后院湖边合影留念

消除对中国的威胁，两国关系也就自然可以实现正常化了。伊利切夫听了钱其琛团长的发言后一时语塞，我看到罗高寿贴近他的耳边嘀咕什么。伊利切夫开始反驳，他大讲社会主义国家间的外交政策要讲"阶级立场"，称苏联驻军不对中国构成任何威胁，最后他提高声调、加重语气说："至于'砍倒木桩，篱笆自然倒'的说法嘛，我们从来没听说过俄语中有这样的谚语。我请中国同志们注意，我们是俄罗斯人，无论如何，我们的俄语总比你们的俄语强吧？！"我想起了这段小故事，罗大使听后捧腹大笑，并承认伊利切夫的这句话是他的提示！

　　1996 年是中俄关系中一个标志性年份。这一年，中俄双方商定叶利钦总统于 4 月 24 日访华。我作为主管中俄关系的副外长与罗高寿大使为此访的准备工作进行了密切的合作与接触，有些细节至今记忆犹新。在叶利钦总统抵达北京的前一天，我突然接到罗大使的电话，他说：

★ 1985 年，双方代表团参观大同云冈石窟（前排左 3 起为罗高寿、钱其琛、伊利切夫，后排左 3 为张德广）

"张部长，你好！有个紧急情况需要向你报告。"我回答说："罗大使，不要客气，有什么事请讲。"罗高寿告诉我，叶利钦总统在飞往远东的专机上看到两国外交部已经协商一致的共同文件，认为我们两国的关系必须从"伙伴关系"提升到"战略协作"水平。叶利钦总统还亲自审定了一段措辞，征求中方意见。我请罗大使把俄文的表述方案发给外交部欧亚司。欧亚司把俄方措辞译成中文并送到我的办公室，我对译文作了调整，即去请示常务副外长田曾佩同志。田部长看后表示，迄今为止我们只同巴西建立了战略伙伴关系，与俄罗斯这样的大国建立战略协作关系是件大事，要请示中央。由于叶利钦次日即将抵京开始访华，我既感到事关重大，又觉得时间紧迫。于是，我让秘书当即上呈请示，不到一个小时程序全部完成，一字未改。我立即打电话给罗高寿大使，告知中方同意在这次高访中双方宣布建立中俄平等信任的、面向 21 世纪的战略协作伙伴关系。

4月24日，中俄两国元首在北京举行会谈后签署并发表了联合声明，确认两国决定建立战略协作伙伴关系。次日，中俄两国元首分别飞往上海，出席中、俄、哈、吉、塔五国领导人会晤并签署了关于建立边境地区信任措施的多边协议，从而开启了著名的"上海五国"进程。这次会晤成为2001年成立的上海合作组织的历史起点。我和罗高寿大使也是那次上海五国会晤的参与者。会后，我们都得到了一份会议全体人员的合影。我把这张照片珍藏着。每当我在照片上看到罗大使的形象时，都会不由自主地沉思良久。

时隔十几个春秋，国际格局已发生巨大变化。当年，我们这些亲历者虽然也认识到中国和俄罗斯两个大国建立战略协作伙伴关系及举行上海五国元首会晤都是中国在欧亚地区的重要外交举措，也预感到这两件事对国际形势将产生重要影响，但我们当时不可能像今天这样深刻地认识到它对实现中国和俄罗斯各自的强国梦和推动多极化所具有的重大历史意义。

2001年我赴莫斯科出任驻俄罗斯大使之前，罗大使在一次联欢会上致辞，表示俄方欢迎我担任中国新任驻俄罗斯大使。记得他用汉语幽默地对大家说："张部长是腿上绑大锣，走到哪里响到哪里！"他的汉语发音如此纯正，谚语用得又是那么生动形象，全场报以一阵热烈的掌声和快乐的笑声。

有一次，我们全家看凤凰卫视的节目，正好是著名主持人阮次山在采访罗高寿。阮先生讲道，罗大使的儿子现在俄罗斯常驻联合国代表团工作，也是俄罗斯的出色外交官。罗大使接过话茬说："是啊，有其父必有其子嘛！"

罗高寿汉语很好，对中国文化有深刻的认知，十分敬仰孔子及其思想，多次访问过孔子的故乡曲阜。我出生在孔孟之乡，也是个尊孔者，所以，儒学也是我和罗大使的一个交流话题。他向我介绍俄罗斯的儒学研究状况，这使我在莫斯科当大使期间有机会与嵇辽拉这样的资深

★ 2002年，张德广大使和罗高寿大使陪同访华的普京总统游览长城

专家结识并进行合作。我曾为稽辽拉翻译、出版孔子著作筹集资金，并为之作序。俄罗斯朋友告诉我，《四书》《五经》的译著是普京总统的案头书。2003年，我的家乡济宁市（曲阜所在地）人民政府委托我把一尊一米多高的孔子木雕像赠送给俄中友协。罗高寿及家人应我和夫人的邀请到中国驻俄罗斯大使馆做客并观赏这尊雕像，我们再次共同探讨了孔子"和而不同"的思想对国际关系的意义。

2005年，罗大使结束长达13年的在华任期离京回国，我是到首都机场为他送行的唯一中国人。当时我的身份是上海合作组织首任秘书长，不是中方官员。在分别之时，我感到罗高寿情绪激动，神色怅然若失，不像往常那样不管在什么场合或者谈论的话题多么重大，他都是泰然自若。在过去的十多年间我们的交往十分频繁，十分友好，但一直是工作层面上的接触，现在他要离任回国了，我一下子感到，更确切地说是意识到，我们不仅仅是工作上的好伙伴，我们已经成为真诚的好朋友了！我们紧紧拥抱，互道保重，依依惜别……

时间过得好快！2008年3月，我作为中方代表参加上海合作组织的活动，赴莫斯科观察俄罗斯总统选举。在莫斯科期间，我邀请我的一些老朋友到使馆共进晚餐、叙旧。晚6时许，副外长卡拉辛、前副外长洛休科夫和帕诺夫、杜马议员科科申、俄中友协会长季塔连科等陆续来到使馆，但议会上院副主席梅津采夫和上院议员罗高寿迟迟未到。于是我打电话给罗大使，他在电话里告诉我："张部长，我和梅津采夫乘坐一辆车，出车祸了……梅津采夫副主席头部被撞，上医院了……我受了轻伤……你们先开始吧。"听到这个消息，我和在场的所有人都十分担心。大约过了一个小时，罗高寿蹒跚地出现在宴会厅门口，我们大家一下子都站起来，向他走过去。我和他紧紧握手，拥抱……在那次晚餐中，罗高寿以及俄方其他朋友和专家向我反复说明，梅德韦杰夫接任总统后普京制定的外交路线和对华友好政策不会改变，俄中战略协作伙伴关系将继续深入发展。此后的事态发展证明，这一信息是真实的。

2009年9月，我作为民间组织的领导人，率"和平之旅"艺术家代表团访问了俄罗斯。在圣彼得堡，我们与列宾美院的艺术家们进行了交流并与马尼洛娃副市长举行了友好会见；在莫斯科，我们受到了俄罗斯文化部部长阿夫杰耶夫的接见。在访问就要结束的时候，我与罗高寿有一次令人难忘的见面。那时我正在中国驻俄罗斯大使馆参加活动，工作人员说罗高寿大使要见我，他正在使馆院内等待。我非常高兴，立即与陪同人员离开活动现场去见他。我走到使馆等候厅，那是个巨大的空间，我扫了一眼，看到罗高寿手里拄着拐杖坐在廊柱旁边。我远远地大声向他打招呼。他颤抖着站起来，向我伸出手。原来，他听说我在莫斯科，事先并未联系就突然出现在使馆。罗大使是从伊尔库茨克乘飞机飞行数小时，刚刚下机就直奔中国使馆来见我。我非常感动，邀请罗大使到会客厅一叙。他说："不用了，就在这里谈工作吧。"他建议在上海合作组织框架内建立传统医学合作机制，让宝贵的中医和其他成员国的传统医学为大众的健康服务。我也认为这是一件很有意义的事，愿意同他一道努力推动这方面的工作。

罗高寿当时已是 77 岁高龄的老人，健康状况已经不太好了，如果没有足够的工作热情和崇高的事业心，他绝不可能专门从远东飞回莫斯科找我谈这件事！至今，当我记起那次见面的情景时，他拄着拐棍的形象依然历历在目，令我动情。

2010 年春，得知罗高寿因病住在宽街的北京中医院治疗，我和夫人前往探望。医生说，罗大使两腿因车祸受伤，血液循环受阻，如果中医治疗无效，发展下去恐需截肢。我们听到这个消息心情十分沉重，非常担忧罗大使的健康状况。但我们强作笑颜，尽量与罗大使谈论一些有趣的事情。中午，罗大使坐到轮椅上，他的夫人推着他横穿医院门前车水马龙的大街。在一家中餐馆，我宴请了罗大使和他的陪同人员。

2012 年 3 月初，我又一次以观察员的身份来到莫斯科，参加上合组织观察俄罗斯总统选举。俄罗斯外交部的朋友们告诉我，罗高寿正在中央临床医院住院治疗，我即去医院探望。走进病房，只见罗高寿斜躺在病床上，面色苍白，明显比上次见面时消瘦了许多。他努力直起上身，微笑着向我打招呼，用汉语说："你好吗，张部长？听说你来莫斯科了，我很高兴。"我坐到他身边，紧紧地与他握手。交谈中，罗高寿表示，他当然投普京的票，虽然国内外有些势力竭力在俄罗斯煽动"颜色革命"，支持反对派闹事，但他坚信普京一定会当选下届总统，并长期领导俄罗斯人民实现强国梦。在简短的交谈中，罗高寿再次提到上合组织应积极开展传统医学领域的合作。

我怀着惴惴不安的心情与病榻上的罗高寿告别。我回国后过了一个多月，突然收到俄罗斯友人发来的一条手机短信："罗高寿大使于七小时之前去世！"

我呆呆地坐在沙发上，脑子一片空白。俄罗斯失去了一位伟大的外交家！中国人民失去了一位真诚的朋友！我失去了一位好伙伴！

作 者 简 介

　　乐玉成，1963年生，江苏省人。1986年毕业于南京师范大学俄罗斯语言文学专业。

　　1986年入职中国外交部。先后任外交部欧亚司副处长、处长、副司长，中国常驻联合国代表团参赞，驻俄罗斯使馆公使衔参赞、公使，外交部政策研究（规划）司副司长、司长。

　　2011年任外交部部长助理，2013年任中国驻哈萨克斯坦大使，次年转任驻印度大使。2016年任中央外办副主任，2018年担任外交部副部长，2022—2023年任国家广电总局副局长。

　　中共十九届中央候补委员。

俄罗斯友人二三事

乐玉成

（中国外交部原副部长，原驻俄罗斯使馆公使）

　　我曾于 2004—2008 年常驻莫斯科，先后任中国大使馆公使衔参赞、公使。其间常写博客，记录所见所闻。

　　日前，《大使回忆》编辑跟我约稿，要我写点外交亲历往事。我便翻了一下当年的博客，选了三篇关于同俄罗斯友人的交往故事，他们是前俄罗斯驻华大使、联邦委员会委员罗高寿，前中俄边界谈判代表团俄方团长、上海合作组织俄方国家协调员沃罗比约夫和前俄中友协主席、俄罗斯科学院远东研究所所长季塔连科。遗憾的是，这三位都已经作古，今天重读这几段关于他们的博文，既感慨又感伤，将博文收录《大使回忆》也是对他们的深切缅怀吧。我对博文未作修改，意在让读者身临其境地感受他们当年的音容笑貌，大家风采。

罗高寿大使过生日

　　2006 年 3 月 1 日是俄罗斯前驻华大使、现俄联邦委员会委员（俄议会上院议员）罗高寿的 75 岁生日。我带着两位同事，代表刘古昌大使和中国大使馆前往出席生日晚宴。

　　罗大使的生日晚宴是在俄罗斯外交部接待外宾用的小别墅里举行的。我也曾多次随团或陪同代表团在这里被"接待"过。小别墅位于市中心，闹中取静，环境幽雅。我们驱车抵达时，门前已是一片车水马龙，高官贵妇，鱼贯而入。进入前厅，脱掉外衣，稍作整理，便前往二楼。

罗大使亲自站在楼梯口迎宾，他身着黑色晚礼服，黑领结，白衬衣，容光焕发，神采飞扬，谈笑风生，一点也不像75岁的老人。轮到接见我们这几位"老外"时，罗显得格外兴奋，特意上前一步，和我们握手拥抱。我抓紧时间，将外交部戴秉国副部长、李辉部长助理和刘古昌大使的贺礼一一转交，他非常感动，说这是他今晚收到的最珍贵的礼物。他一定找机会当面向这三位中国老朋友表示感谢。再往里走，只见来宾已经济济一堂，我一眼望去，几乎全是熟悉的面孔。多是俄罗斯外交部各司局的官员、汉学家及俄各界对华友好人士。我因工作关系，经常与他们打交道，彼此十分熟悉，因此也很快融入其中，并且相谈甚欢。

★ 作者和罗高寿大使在招待会上

约莫过了 20 多分钟，我们平时只能在电视上才能见到的几位俄政要也陆续现身，引起现场一阵骚动。依次出现的是前总理普里马科夫、第一副外长杰尼索夫、安全会议秘书伊万诺夫和外交部长拉夫罗夫，他们的到来，将罗大使的生日晚会推向了第一个高潮。也许是我作为晚会唯一的"老外"，竟也引起了拉夫罗夫外长的注意，他主动向我伸出手来，并用他那浑厚的男中音说了声"晚上好！"我也激动地作了回应。站在一旁的俄外交部主管中国事务的伏努科夫局长急忙为我作了介绍，拉微笑着点了点头。我和杰尼索夫第一副外长很熟悉，他会讲汉语，曾在驻华使馆当过二把手。我们作了简短交谈，随后便在罗大使的引领下和各位来宾一起步入宴会大厅。

宴会是自助冷餐会形式，大厅中间放一张长方形餐桌，上面堆满了各种冷热食品、饮料、水果，等等。来宾不分长幼尊卑，一律围着餐桌自助。两位罗的好友轮流主持，安排来宾祝酒。罗大使首先讲话，感谢各位领导和朋友光临助兴。他说，他搞这个晚会，目的就是让大家暂时远离工作和繁忙，来这里饮酒会友，与其分享人生的幸福和快乐，共同度过一个美好的夜晚。拉夫罗夫外长在祝酒中高度评价罗为俄罗斯外交事业，为俄与中国和亚洲国家的友好合作所作的杰出贡献。拉当场授予罗一枚俄外交部勋章。据伏努科夫局长告诉我，此勋章只授予俄杰出的外交家，迄今，俄外交部享受此殊荣的人只有十来个。普里马科夫年长罗三岁，作为罗的大学同学，他激动地回忆起他们年轻时代的一些趣闻轶事，引得宾朋长笑不止。伏努科夫局长拿着一个精美的贺卡对罗大使说，刚才外长授予你一个官方勋章，我这里有一个一亚局"全体老百姓"（用中文说）送给你的"证书"，以表达他们对你这位一亚局老局长的祝贺和敬意。

我作为"中方代表"紧接着也应邀致祝酒词。面对着如此众多的政要名流，我不免有些紧张，不知如何拿捏讲话的分寸。突然，我灵机一动，决定来一个既稳妥、又省事的办法。我说，今天我和我的同事很荣幸出席中国人民的老朋友罗高寿大使的生日晚宴。面对罗大使这样一位外交巨擘，我作为外交界的小字辈心情十分激动，甚至连事先准备好的祝酒词都因为紧张而不知从何说起。（众笑）不过，大家别担心，我还准备了一个备用方案，我手中有来自中国外交界三位重量级领导给罗大使发来的生日贺信，一是戴秉国副部长，二是李辉部长助理，三是刘古昌大使。现在请允许我向大家择要念一遍。

随后，罗大使的各位亲朋好友纷纷祝酒，大家通过各自与罗大使交往的亲身经历，从各个角度对罗大使的才学、业绩、人品、作风等"评头论足"，引来阵阵欢笑。不知不觉晚会已经进行了两个多小时，大家仿佛意犹未尽，告别时都依依不舍，互道祝福。

我所认识的"麻雀"大使

听说俄罗斯外交部的"麻雀"大使将出任俄罗斯驻菲律宾大使，下月即将赴任。虽对他要外派早有所闻，但这回真的要与他分别还是有些依依不舍。过去几年同他友好交往的一些往事不可抗拒地浮现眼前。

"麻雀"大使的真名叫沃罗比约夫，由于这个姓氏在俄文中是麻雀的意思，因此，我们为方便起见，习惯性地称他为"麻雀"。他是俄罗斯外交部的中国事务专家，曾任俄罗斯驻华使馆公使、驻尼泊尔大使，现任中俄边界谈判代表团俄方团长、上海合作组织俄方国家协调员，这两个职务均为俄总统亲自任命，"麻雀"也常常引以为豪，自称享受副部级待遇。过去的几年，边界和上合组织均是中俄关系的重点和热点问题，两国领导人每次会晤均离不开这两个话题。而由于工作关系，无论我在北京还是在莫斯科，也都主管这两方面的事务，因此与"麻雀"接触十分频繁。不是边界就是上合组织，几乎隔三岔五地都要和他见上一面。

"麻雀"为人随和，不摆架子。他已经年届六十，比我大十多岁。

如果按他的说法他是副部级领导的话，级别远比我高（我当时是副司级公使衔参赞）。外交界是最讲对等原则的，可他对我很平等，有约必见，有求必应。无论是正式谈判还是平时交往，他对我都很尊重，并注意倾听我的意见，谁说得对就照谁的办。

"麻雀"人很聪明，很有智慧。他是有名的"点子多"，常常引导大家"脑筋急转弯"，使陷入僵局的谈判出现柳暗花明。中俄剩余边界谈判有许多复杂的技术难题之所以能够顺利解决，要归功于他的许多好点子。组建上合组织也是一个开创性事业，无先例可循，并涉及六国利益，协调十分不易。特别是成立秘书处，要确定人、财、物、房等具体问题的安排，十分复杂，每当谈判卡壳而进展不下去时，大家都不约而同地把目光转向"麻雀"。他也像早有准备似的，好几套方案娓娓道来，让大家择善而从，好似诸葛锦囊，令人叹服。

★ 作者和沃罗比约夫大使在小酌

"麻雀"人很幽默，段子很多，而且常常结合现场情景，信手拈来，毫不费力。他认为搞外交，尤其是谈边界问题本已枯燥，应当用幽默调节气氛，化解难题。他中文好，又曾长期在中国工作过，因此，也常常讲一些中文笑话，包括"文革"时期的一些趣事，甚至还能之乎者也一番，给我们带来过不少惊喜。

和所有俄罗斯男人一样，"麻雀"也喜欢革命小酒，几杯酒下肚，他的思维就变得格外的活跃，点子一个劲地往外冒。每次请他吃饭，我都要有备而来，陪他喝上三五两。有时，到他的办公室拜会，他也会不经意地从身后的书橱里"找"出一瓶伏特加或白兰地，两人以酒代茶，谈笑间问题解决了，友谊也加深了。

"麻雀"还是俄罗斯少有的大孝子。他终身未婚，独身一人，和80多岁的老母住一起。此前在国外常驻期间，也是带着母亲周游列国。每次到国外出差，都要给母亲带回一份礼物。他母亲喜欢吃中餐，他就定期带老母进中餐馆。还每次向我打听莫斯科新开了好的中餐馆没有，以便及时带老母去品尝。

还有一点需要特别强调，"麻雀"对华友好，无论何时何地，他都高歌中俄友谊。他说，作为经历过中苏冷战和热战的人，深感中俄两国注定要友好，要合作，他对此坚信不疑，并身体力行。

我为有这样一位俄罗斯朋友而骄傲和自豪！

中国人民的好朋友季塔连科

前两天，大使馆为俄中友协举行新春招待会。来宾中有一人身材魁伟，精神矍铄，声音洪亮，一进门就与在场的所有中外宾客一一握手拥抱，并用中文祝大家"新年好""猪年大吉"，他就是大名鼎鼎的俄中友协主席季塔连科。

大凡跟俄语或俄罗斯沾点边的中国人，大概都不可能不知道季塔连科其人。如果要列出他的各种头衔和职务的话，可能要占去一整页。

★ 作者在大使馆会见季塔连科

这里咱就简言之：季塔连科——俄中友协主席、俄罗斯科学院远东研究所所长。要说起他的著作、经历、活动、与中国的渊源等，更是非我这小小的博客园地所能承载。我只想说一说我到莫斯科工作以来和他打过的几次交道，从中大家可以"管窥"季老其人其事。

我和季塔连科并不陌生，但却怎么也回忆不起是怎么相识的。反正我在北京时，每次他来京出差，我们总能见到面，但一般都是在礼宾安排严格的外交场合，相互打个招呼，寒暄握手，你好、我好一下就拜拜了。所以，严格地讲，真正相互了解，和他成为好朋友还是我到大使馆工作之后。记得两年前，我初到莫斯科不久，作为到任拜会，季老是我要见的第一批俄罗斯朋友之一。我一提出，他就爽快地答应了。

那是 2004 年初秋的一个下午，我驱车前往远东所。在他的办公室落座后，他首先对我来莫斯科工作表示热情欢迎，简要地介绍了一下俄中友协的工作，并特别强调中国大使馆对俄中友协工作的一贯大力支持。作为一个例证，他提及"中国厅"。我开始没反应过来啥叫"中国厅"，见我有点迷茫，他站起身对我说，带你去参观一下吧，并用一口标准的中文说："看来百闻不如一见啊。"我若有所悟，跟着他下到一楼，向左一拐，只见门口挂着一牌，上书："中国厅"。他打开门，引我进去。我一看，果真是一个地地道道的"中国厅"。正中间四张红木八仙桌拼成个长方形会议桌，四周紧贴着墙的是一圈展柜，透过玻璃可以清晰地看到里面展示的各类中国书籍、远东所学者的研究成果及来访中国代表团赠送的各种中国礼品。墙上挂着中国字画和图片，恰似一个中国文化藏品展。

季老说，"中国厅"有两点令他十分自豪。一是在这个厅可以直接收看中国中央电视台 4 套节目，他们经常在这里看发生在中国的重大事件的实况转播。二是这个厅有一个"镇馆之宝"。他指着《中国特色社会主义文集》一书介绍说，这套书一共制作了 3 本，每本造价1000 美元，俄罗斯总统自己一本，送给中国国家主席一本，还有一本就存放在这里。听到这里，我不禁对这个厅肃然起敬起来。

"那这个厅与中国大使馆是什么关系呢？"我心中的疑问仍未解除。"这个'中国厅'有 10 年历史，但过去由于缺少经费，设施十分陈旧，藏品也很不丰富。2002 年中国大使馆出巨资帮助我们重新装修，并赠送了一批中国特色的展品和礼品，安装了电视、电脑、同传等现代化设施，整个大厅焕然一新。现在这里成了俄中友协的活动基地，几乎所有有关中国问题的中小型研讨会、纪念会、座谈会均在此举行。这里也是接待来访中国代表团的会客厅，真正的多功能厅，哈。"季老一脸自豪的神情，像是展示自己的新家一样喜悦。

他说的完全是事实，此后，我的确多次造访"中国厅"，出席了各种各样的会议和庆典活动。但第一次访问的印象仍然是最深刻的。

季老作为中国的老朋友，十分关心并坚决支持中国的统一大业，并且任何时候都毫不掩饰他的这一鲜明立场。去年 2 月 27 日，陈水扁

★ 俄罗斯远东所中国厅

在两岸同胞的强烈反对和国际社会的一片谴责声中，强行决定终止"国统会"运作和"国统纲领"适用。俄罗斯外交部在第一时间发表声明，强烈谴责陈水扁分裂行径，坚决反对任何形式的"台独"。但两三天过去了，我们却没有听到俄中友协的声音，觉得很费解。带着这个很大的疑问，我提出拜访季老。3月1日，他像往常一样热情地接待了我。我开门见山，向其通报了陈水扁的"终统"决定，指出台湾当局此举是对国际社会普遍坚持的一个中国原则的公然挑衅和对台海地区和平稳定的严重破坏，是在走向"台独"的道路上迈出的危险一步。我表示，希望俄中友协对此作出反应，对陈水扁的"台独"行径予以谴责，一如既往地支持中国在台湾问题上的原则立场。

季老没等我说完，就首先表示歉意，说他刚从国外访问回来，由于访问日程紧张，他也没关心当地媒体的报道，因此，对陈水扁的"终统"决定一无所知。今天一上班就接待我，还没有来得及听取助手的汇报。

他很气愤地说，陈水扁真是个地地道道的"麻烦制造者"，每隔一段时间就出来捣一次乱。他用中文说："不过，毛主席说得好，捣乱，失败，再捣乱，再失败，直至灭亡！"接着，他表示，他已经完全明白了事情原委，现在就可以向媒体发表谈话。他让助手立即通知记者前来采访，约莫个把小时后，记者们迅速赶到，季老以其洪亮的声音，掷地有声地发表了如下谈话：

"陈水扁做出终止'国统会'和'国统纲领'的决定不仅是对中国人民的挑衅，也是对所有支持海峡两岸对话的人们以及整个国际社会的挑衅。中国领导人提出的争取祖国统一的主张得到全世界绝大多数国家的支持。俄罗斯政府支持一个中国的立场始终不变。世界上只有一个中国，台湾'独立'过去没有、将来也不会得逞。"

"陈水扁终止'国统会'和'国统纲领'的决定证明台湾当局在政治上是不负责任的，这个决定是想挑起大陆对台湾采取强硬措施。陈水扁的做法是倒退行为，使台湾问题变得复杂化。这一决定使他不仅在海峡两岸受到孤立，也在国际上变得孤立……"

季塔连科是研究中国哲学史、中国政治和现实问题、俄罗斯与亚太各国及俄中关系问题的专家，迄今有各类论著200余部（篇），是名副其实的"著作等身"学者。近来，他虽身兼数职，组织管理事务繁重，但仍坚持笔耕不辍，几乎每年都有新著，每月都有论文发表。所以，我每次拜访他、临走前总要向他索取他的最新论著和文章。后来，都成了惯例，每当我要来造访，他就叫秘书备好相关的书刊。记得2005年有一次，他的三部著作《俄中关系：现状和前景》《俄罗斯和中国在全球化条件下的合作》《20世纪的俄中关系》一下子同时出版，而且其中《20世纪的俄中关系》还是多卷本，再加上两本刊登他的论文和讲话的《远东问题研究》杂志，我两只手抱着都很吃力。他找了一个大塑料袋，我拎出门后，袋子竟也承受不住，在离车十几米远的地方，书刊哗啦一下全掉在地上，让我心疼了好长时间。

2006 年 11 月 17 日，他在远东所"中国厅"为他的新著《中国——俄罗斯 2050：共同发展战略》举行首发式，并提前两周向我发来邀请，我自然欣然应允。可事不凑巧，到了首发式当天，另一个重要活动使我分身无术，无法如约前往。我遗憾地向季老表示歉意，并委托另一位同事代表使馆出席。第二天，我即专门登门致歉，他很高兴地接待了我并赠送了一本由他签名的新书。

回来后，我仔细地阅读全书，季老对中俄两国的发展及相互关系的深刻分析、精辟论述和前景展望令我深为折服。他在新书中采用了独特的数理分析法，从两国的管理、领土、自然资源、人口、经济、文化和宗教、科学和教育、武装力量、地缘政治环境 9 个方面详细地比较了中俄在 21 世纪前 50 年的发展战略和发展道路，揭示出两国的共同利益所在、两大文明的互补性特点、两国所面临的相似的发展任务及在全球化条件下所面临的共同挑战和威胁，从而得出结论：尽管中俄关系已经达到了前所未有的历史最高水平，但两国关系还存在着巨大的发展潜力及互补和互相促进的因素。中俄合作已日益超出双边范畴，成为一个具有全球意义的因素，并对世界和平与稳定及政治解决地区冲突发挥着至关重要的促进作用。

季老在书中还批驳了"中国威胁论""俄罗斯崩溃论"等形形色色的西方反华、反俄论调，指出中俄两国的复兴和崛起不可阻挡，两国互视对方为战略伙伴，并乐见对方繁荣强大。

我十分赞赏季老对中俄两国和两国关系走势的分析判断，坚信季老的战略性预测定会成为现实！

 作 者 简 介

　　王凤祥，1938 年生。1963 年毕业于北京外国语学院俄罗斯语言文学系，后在该院俄语翻译班进修两年。

　　1965 年进入外交部翻译室。1975 年在中国驻苏联大使馆工作，任随员、三秘。1980 年回国在外交部苏欧司工作，任二秘、一秘，苏联处副处长。1987 年在驻苏联大使馆任参赞，1991 年任驻列宁格勒总领事。苏联解体后任中国驻格鲁吉亚大使、驻拉脱维亚大使，1998 年转任驻俄罗斯大使馆公使。

　　2000 年回国，先后任中俄友好、和平与发展委员会副秘书长，中俄友协副会长。

俄语是我一生的爱

王凤祥

（中国驻俄罗斯大使馆原公使，原驻格鲁吉亚大使）

　　我与俄语及俄罗斯有着不解之缘。在儿童时期就感受到中苏友好，青年时期见证中苏对抗，中年时期亲历两国关系正常化，并为此尽了绵薄之力。

苏联人民是英雄的人民

　　上个世纪 50 年代初，我在北京"崇实"小学读五年级，我们的班主任姓郑，是位语文老师，他汉语知识丰厚，平易近人，喜欢和学生交流。他经常在课上或课间给我们讲苏联卫国战争英雄的故事，卓娅顽强不屈，视死如归，青年近卫军英勇杀敌，飞行员阿列克谢截肢后重上蓝天重创德国战机，还有为巩固苏维埃政权战斗到最后一息的保尔·柯察金。郑老师的讲述声情并茂，爱憎分明，很有感染力，听着他讲，我们心潮起伏，我们为年轻的卓娅惨遭杀害哭泣，为青年近卫军杀伤敌军喝彩，为截肢飞行员击落敌机鼓掌，也为重病缠身的保尔难过。

　　英雄的故事唤起我们对苏联和苏联人民的崇敬和热爱，他们的爱国主义精神和英雄气概在我们心里留下深深的烙印，在我们这些纯真的少年心里播撒下友谊的火种。向苏联学习，向英雄的苏联人民学习成了我的心愿。

鸿雁传友情

小学毕业后我进入北京第四十一中学，我对俄语兴趣很大，学习成绩也很优秀。慢慢地我已不满足课堂上学的那点东西，经常找些短而又短的俄文小故事，抱着俄汉字典读，虽然似懂非懂，但总能认识几个新的俄文单词或词组。

一天，俄语老师问我："你愿意和苏联学生通信吗？"我未加思索，立刻回答："让我试试。"他随手把一封信递给我。这封信是从苏联加里宁市第五十八中学寄来的。我拆开一看，写信人是个女孩子，叫莉达。信里生字不少，我借助俄汉字典，勉强才看明白。信的大意是说，她的父亲在卫国战争中牺牲了，母亲在缝纫厂工作，她爱好编织。明白了来信的内容，我喜出望外，高兴得不知所以。我很快借助俄汉字典，

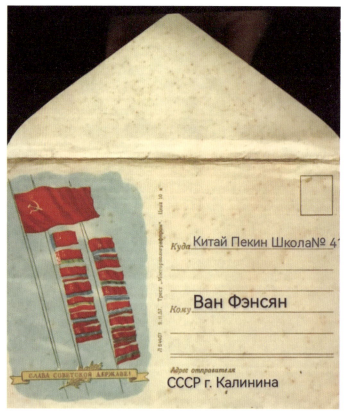

★ 苏联时期的明信片

模仿莉达信中的叙事顺序，照猫画虎回了第一封信。我在回信中告诉她，我父亲早已因病去世，母亲还在，我有两个姐姐。我喜欢打篮球、踢足球。受当时邮政条件所限，来往一封信，至少要一个半月的时间，有时甚至要两个月。

在通信过程中，我深感知道的词汇量太少，想写很多，写不出来。我没有放弃，写的字再少，内容再简单，我也坚持回信，因为这是一份情谊，应该珍惜。至于单词知道得少，我可以不断学习，不断积累，我坚信先辈的古训，积少成多，聚沙成塔。

莉达有时在信中放几张印有俄罗斯风景名胜的画片，还有俄罗斯著名画家、诗人和作家肖像照片。我也"礼尚往来"，在信中放点儿女孩子喜欢的小饰品，如丝织手帕、胸针、领花。我们通信持续了大约一年半，后来不知什么原因中断了，我感到失落和茫然。但不管怎样，和莉达通信更加激发了我学习俄语的热情，她寄来的带有俄罗斯风景名胜的画片和名人肖像，让我第一次感受到俄罗斯文化艺术的气息，唤起我对俄罗斯传统文化的好奇心。

岁月悠悠。几十年过去了，我没有忘记遥远的莉达。想来，她和我一样，也已步入人生的暮年，不知她是否安好，愿上帝保佑她平安！

我与俄语难舍难分

初中毕业后，我进入北京十三中，开始高中的学业。我的班主任姓吴，她教俄语。一天，北京师范大学的朱敏老师来我们班观摩俄语教学。我耳闻她是朱德元帅的女儿，在苏联长大，刚回国不久。课上吴老师多次叫我回答问题，她知道我学习成绩很好，我的回答不会让她在客人面前脸红。课后朱敏把我叫到跟前，用不大流利的中国话对我说："你回答问题很好，好样儿的，将来愿意学俄语吗？"我点了点头。朱敏在我们眼里是俄语大师，能得到她的称赞，喜出望外，她的鼓励增添了我学习俄语的力量。

高中就要毕业了，何去何从？母亲要我中学毕业后找工作挣钱养家，家里生活实在困难，就靠母亲和姐姐给人家浆浆洗洗、缝缝补补维持生活。看着母亲每天劳累的样子，我有些心疼，但要我丢掉俄语，于心不忍，一连几天，愁肠百转，寝食难安。班主任吴老师知道我的想法后，家访做母亲的工作，她对我妈说："这孩子俄语学得特别好，他喜欢俄语，半途丢掉太可惜，他要能考进俄语学院，不用交学费，还能申请助学金，不用花家里一分钱，您就让他报考俄语学院，让他去试试。"母亲听后沉默了一会儿，然后说："那就让他去试试吧。"我听后，如释重负，高兴得不知所以。当时我心想，我一定学好俄语，将来找个好工作挣钱养家。

1958年9月，天高气爽，秋景宜人。我怀着像天气一样美好的心情，走进北京俄语学院，走进了培养俄语人才的高等学府。从此，我也走进了浩瀚的俄罗斯语言世界。

在俄语的摇篮里成长

北京俄语学院师资力量雄厚，教师多数都曾留学苏联，从教多年，经验丰富。我的第一位老师就是列宁格勒师范学院毕业的。校内学习气氛浓厚，老师们除上课外，经常组织课外活动，如俄语晚会、俄语故事会、俄语对话会，以激发大家的学习兴趣，锻炼同学们听读说的能力。

入学后第一年和第二年的两个暑假，同学们都回家了，我没有回家，每天穿着背心和短裤在校园的凉亭里或树荫下攻读不辍。除读书外，我经常用学会的单词和词组编些短小的故事，然后面朝墙壁，大声把故事讲出来，反复说、反复讲，目的是记牢这些单词和词组，做到能脱口而出。一分耕耘，一分收获。两个暑假在炎炎烈日下的劳动带来了丰收，我的俄语知识似乎上了一个新台阶。当时，我的脑海里闪过一个念头：将来我是不是可以当一名翻译家？

★ 北京俄语学院（1959 年合并到北京外国语学院）

大学前四年，我在老师的帮助下读了俄文版《马列耶夫在学校和家里》《卓娅和舒拉的故事》《罗蒙诺索夫传记》，契诃夫的《套中人》，还读过普希金的短篇小说《驿站长》。不过，读起来比较吃力。

苏联教员戈里高里耶夫娜

大学最后一年，我的老师是苏联教员玛雅·戈里高里耶夫娜·牛。她的丈夫姓牛，曾留学苏联，在中国农科院工作。玛雅老师端庄大方，很有修养，对学生和蔼可亲，但课堂上要求严格，近似苛刻。她在俄语学院从教多年，深知中国学生学习俄语的"通病"，因此在最后这一年，她教学重点就是"医治"通病。说实话，不在俄罗斯生活十年八年，不同俄罗斯人一起摸爬滚打几年，这些通病是治不好的。总之，玛雅老师花了很多时间和精力，想了许多办法，她尽到教师的责任。

有一件事令我难忘。有段时间我特别热衷俄罗斯谚语，记了一大堆，一次上课时玛雅老师叫我回答问题，我在回答时用了几个谚语，自以为很得意。我讲完后，玛雅老师对着我苦笑着摇了摇头。她的表情肯定不是赞许，为什么？我不得而知。课后玛雅老师把我叫到跟前，她对我说："谚语可以用，但不可滥用，一个简单的回答，用这么多谚语，显得有些滑稽。你还是学生，首先应该学会用通常的单词和词组叙述一件事或表达一个思想，记住，这是基础。"

后来玛雅老师回苏联，定居在列宁格勒。1991年我在中国驻列宁格勒总领馆工作时，曾怀着对老师感激的心情，与玛雅老师几次见面。第一次我去拜访她，献给她一束鲜花，送给中国花茶。记得她刚看见我时，一言不发，睁大眼睛注视我很久：岁月的沧桑在我们师生脸上留下了痕迹。我们一起回忆在北京俄语学院的学习和生活，有愉快的，也有不愉快的。她对北京俄语学院记忆深刻，她在这里任教多年，正值青春年华。

还有一次，我请老师到总领馆，厨师做了几个菜招待她。席间，我向她请教了许多有关列宁格勒的问题，她给我讲了许多故事。我们边吃边谈，不觉暮色已经降临。她年纪大了，行走不便，我乘总领馆的车送她回家。当我们的车走出瓦西里岛三条时，涅瓦河两岸已亮起灯光。

最后一次，我因工作调动，要离开列宁格勒，去和玛雅老师告别。她准备了巧克力蛋糕，还有小点心招待我。这次师生见面，不免有些伤感，她独自一人生活，很不容易，我说了许多祝福她的话。她把我送到楼下，我们师生热烈拥抱，我看见她的双眼湿润了……看着她离去的背影，我也有些心酸。

玛雅老师命运多舛，但她是个坚强的不向困难低头的人。

为驻苏联大使当翻译

1975年5月，作为年轻干部首次出国，即奔赴我向往已久的苏联开始常驻。那时中苏关系处于紧张对抗时期，对外工作难度很大。我

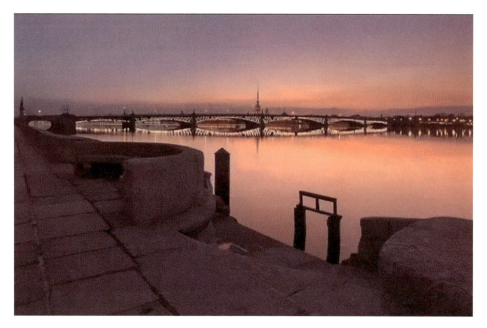

★ 列宁格勒涅瓦河

们团结一心，坚持不懈地做人民友好工作，结交了不少苏联朋友，他们也与我们一样，总是期盼两国关系早日重归于好。

在驻苏使馆工作期间，我先后为刘新权和王幼平两位大使担任翻译。他们都是参加过长征的老干部，有极强的政治素质和丰富的外交经验，让我在政治和业务两方面受到很多锻炼。

除了翻译，我承担给使馆领导读报的重要任务，在当时的双边关系背景下，这项工作极具挑战，使我受益匪浅。每天 8 点要取当天的报纸，准备 1 小时，9 点开始读报。因此，1 个小时内需要从海量的文章中快速了解苏联国内大事及其在重大国际问题上的立场，然后再用通俗易懂的语言讲给领导们听。所以，与其说读报，不如说是"说报"。俄罗斯冬季漫长，早上 8 点天色还不明亮，要在昏暗的灯光下迅速把《真理报》和《消息报》上的长篇重要文章一字不漏读一遍，其紧张程度可想而知。但是这项工作对锻炼综合概括和分析能力大有裨益，这些

★ 1975 年作者在莫斯科留影

能力对一名合格的外交官是必须具备的。

在我担任俄语翻译期间，恰巧朱敏老师也来使馆研究室文化组工作，我们几乎天天见面，格外亲切。朱老师还像当年那样平易、简朴，同事们都叫她"朱大姐"，我则依然称她朱老师。每每遇到翻译上的难题，我就随时找老师求教。

俄语永远与我为伴

我从外交一线退下来后，应聘在外交部欧亚司与年轻的俄语翻译一起工作很长时间。他们朝气蓬勃，勤学好问，像我一样喜欢俄罗斯语言。我把多年积累的知识传授给他们，对他们的进步我由衷高兴。他们把我当成老师，我受之有愧。不过，我在工作中倾尽了全部精力，仅此尚可聊以自慰。

如今我已步入暮年，但每天仍然离不开俄语，如果不看点俄文的

★ 1985 年，作者（左 3）为领导人访苏担任翻译

东西，好像缺少了点什么。这几年我读几本俄罗斯著名社会活动家和
外交家的著作，主要是回忆录。我读了葛罗米柯外长两卷集回忆录《永
志不忘》，普里马科夫回忆录以及他的名著《没有俄罗斯的世界？》，
还有特罗扬诺夫斯基大使的回忆录《穿越时空》。我从这三位著名外
交家的著作中了解了当年一些重大事件的内幕和高层决策时的分歧与
斗争。他们三人的文风不同，所写的事件和年代也不一样，但他们三
位的共同点是，都具有崇高的爱国主义精神和捍卫国家利益的坚定与
执着。特罗扬诺夫斯基在《穿越时空》的结束语中，呼唤俄罗斯外交
的后辈们从前辈的成功与失败中吸取教训，在这波谲云诡的世界上，
发扬传统的爱国主义精神，重整俄罗斯外交昔日的荣光。

在结束这篇文章时，我想说，我爱俄罗斯语言，一生没有离开过
俄语，下了很大力气。但多年的实践告诉我，如果把俄语比作大海，
我掌握的知识最多是其中的一滴水，微不足道的一小滴水。我想引用
毛泽东主席说的话与所有的俄语人共勉，毛主席说："语言这个东西
不是随便可以学好的，非下苦功不行。"

　　赵希迪，1942 年出生于黑龙江省拜泉县。毕业于黑龙江大学俄语系、北京外国语学院俄语翻译班。

　　1964 年分配到外交部工作。担任过外交部苏欧司中苏边界谈判处处长，欧亚司司长。中国驻苏联使馆参赞，驻亚美尼亚、白俄罗斯、匈牙利大使。

生命长河的浪花

赵希迪

（中国外交部欧亚司原司长，原驻白俄罗斯大使）

　　我家住在黑龙江省拜泉县三道镇，镇子东、西、南三面各有一条河沟，所以这地方也叫三道沟子。从镇南走到镇北大概一千米，从东到西也就七百多米。镇子穷，偏僻，离县城七十里，但是外边的事情慢慢总会有些耳闻。

　　记得有一年正月，附近的秧歌队到镇上比赛，镇子是乡政府所在地，是全乡的中心。人们围了里三层外三层地看热闹，我们这些小孩子在人群里钻来钻去地打闹着。突然秧歌队的锣鼓停了，一个挎着盒子枪的人拖过一条长板凳，站上去就开始讲话，听大人说这位就是乡长。我就盯着他那把盒子枪端详，断断续续记得他说，苏联是我们的老大哥，老大哥每天吃面包喝牛奶，种地不用人，用拖拉机，已经实现了共产主义……苏联的今天就是我们的明天……以后不许把苏联人叫老毛子，吃瓜子儿也不准叫毛子嗑儿。乡长说的苏联在哪儿，我那时根本不知道，可没想到后来这一辈子就和苏联打起了交道。

　　1949 年春天，我上了三道镇小学，上学不久我就成为中苏友好协会会员，因为全班同学都是会员。那时候唱的歌是"团结起来力量大，帝国主义害了怕。毛泽东斯大林，斯大林毛泽东，像太阳天空照，红旗在前面飘。全世界走向路一条，争取人民民主，争取世界和平，全世界人民心一条"。那时候的年画是毛主席和斯大林握手，两国少年儿童围拢在旁边。年画的名字是《我们永远在一起》。当年的中苏，充满友好气氛。1957年，我考上拜泉县中学的高中，那一年高中班开设了俄语课，不知为什么我还被指定当了俄语课代表，负责收作业、发作业，就这样我开始接触俄语。

1960年，我考上黑龙江大学俄语系。黑大是在哈尔滨俄语专科学校和哈尔滨外国语学院的班底上成立，四野参谋长刘亚楼当过俄语专科学校校长，这也是吸引年轻人们报考黑大的原因之一。这时中苏关系已经出现裂痕，但还未全面公开化。我们学的科目有俄语实践课、语法、词法、句法、翻译课、俄罗斯文学史、苏联历史地理概况、中文课和第二外语英语课。我至今还记得老师们编写的教材内容有：普希金的诗歌《致恰达耶夫》《致西伯利亚囚徒》《纪念碑》和他的短篇小说《驿站长》；屠格涅夫的《前夜》选段和短篇小说《木木》；阿·托尔斯泰的短篇小说《俄罗斯性格》；列夫·托尔斯泰的《安娜·卡列尼娜》选段；奥斯特洛夫斯基的《钢铁是怎样炼成的》选段，选的是保尔修铁路的那一段；冈察尔的小说《永不掉队》选段；高尔基的散文诗《海燕》；法捷耶夫的小说《青年近卫军》选段，老师们给这个选段起名叫《母亲的那双手》。这些都帮助我们了解俄罗斯和苏联的情况，感受他们的性格。老师们还想方设法创造俄语氛围，编排小话剧，他们给同学们演出契诃夫的独幕话剧《蠢货》，表演《安娜·卡列尼娜》小说安娜偷偷跑回家看儿子的动人场面。老师们都能大段背诵原著，演到动情处满脸泪水。我和潘占林（后来任中国驻乌克兰、南斯拉夫、以色列大使）还上台表演俄语相声。班上给我找来一套西装，给潘占林找了一件中国老学究穿的长衫。为了多练俄语口语，班里还组织起从苏联学来的同志审判会。老师设计题目，同学分成审判方和答辩方。有一次我扮演一个自私卑鄙的被告，他在寒风凛冽的大森林里遇到一位体质虚弱的受困老人，却置之不理，扬长而去，老人最终冻死在雪地上。全班同学来扮演法官，大家义愤填膺、面红耳赤、捶着桌子指责我。而我则百般狡辩，说自己还年轻，还有未来的生活。如果在大风雪里停下来施救，两个人都会冻死。老师则从俄语运用的角度来进行点评。就这样慢慢学着学着，觉得俄语挺有意思。

1964 年，我有幸从黑大毕业被分配到外交部。中苏关系的演进波澜起伏，充满艰辛，里面有相向而行的正能量，也有背道而驰的负能量。我们对苏联的定位从"老大哥"恶化到"头号敌人"，然后逐步缓和到"友好国家"，又升级到"全面战略协作伙伴"，中间牵动了两国一代又一代人们的生活和工作。

我现在是一个满头白发的退休老人，坐在家里围绕工作的回忆总是回到眼前，我就拾起里面的几朵浪花来说一说吧。

继续学习

进入外交部后，先到俄语翻译班继续学习。授课老师是两位高水平的老教授，杨作人和高铭老师。杨教授的第一堂课，先把眼镜摘下来，摊开书本，再摆上一个高倍放大镜，一包烟。他说，同学们不要学我抽中华牌香烟，不要学我的资产阶级思想，要学我的俄语知识。我培养了一批又一批高级俄文翻译，他们每一期都是从普希金的《上尉的女儿》开始。今天你们也从这本书开始。普希金活了 38 岁，他塑造了简练、平易、优美的俄罗斯语言标准，被称为俄罗斯诗歌的太阳。

教我们翻译班的，还有一位苏联女教授叶利扎维塔·巴普洛夫娜·李。她是中国共产党早期领导人李立三的夫人，同学们都愿意和她交流，练习口语。班里的三个女同学就向她告我的状，说我总管女生叫"老娘们儿"，说"母鸡不是鸟，老娘们儿不是人"，"头发长，见识短"。李莎就用手点着我说"женоненавистник"（仇视女性的人）。老太太人真好，在中国去世的时候已经一百多岁了。

在翻译班期间，我们参与的最大一次外事活动是 1965 年夏天在北京饭店举行的社会主义国家邮电部长会议，由邮电部主办。参会国家有中国、苏联、东欧所有社会主义国家，还有朝鲜、越南，古巴等国家。我们班上 10 个人全体出动做联络员，我负责波兰代表团。波兰人的俄语比我好得多，因为他们从小就说俄语，工作期间我也向他们学习了不少。那个时候中苏论战早就开始了，无论是中苏两国代表团团长在全体会议上的发言，还是各专业工作组在分会场的发言，中苏之间都有明显的火药味儿。当时中国邮电部长发言，评价苏方团长的发言全是废话、毫无价值，还不如大粪有用，大粪还可以肥田。有意思的是，这段重口味的交锋，正好轮到我方女士刘莎来翻译。

那时中苏之间外交往来很少，业务冷清，我们要翻译的东西不多，主要是外交照会，内容多是对苏联的各种抗议。包括严正抗议、最严正抗议甚至最最严正抗议，频繁使用的语言有"恬不知耻""贼喊捉贼""嫁祸于人"等等。

电影外交

1978 年，中国宣布终止已经名存实亡的《中苏友好同盟互助条约》。旧条约已废除，新关系尚未建立，与苏联的接触不能就此完全隔断，还要设立某种联系渠道。于是，有关领导指示苏欧司开启电影外交，借取苏联电影拷贝的缘由与苏方保持接触。

当时，我从驻苏联使馆研究室工作回国后被分到苏欧司苏联处。每次由陈棣（后来任中国驻立陶宛、哈萨克斯坦大使）、我和潘占林当中的两个人轮流去借。苏联使馆出面与我们接洽的是塔尤尔斯基和高尔什这两位外交官。每次我们先到苏联使馆接待室和他们喝茶聊天，话题都是领导事先确定的。有些信息是中方主动要说给苏方听的，有些是需要通过聊天向对方了解的。苏方经常提出一些中苏关系大步快跑、迅速发展的建议，我们则解释说还是要慢慢来，稳步前进，走太快了容易翻车。看得出，苏方来人谈的话题也都是受指示和委派的。

★ 作者向央视记者讲述电影外交的故事

这样可以保持接触，避免双方在正式场合唇枪舌剑。

电影借回来先在苏欧司审看，司里还制作了粉色的入场券。部里有些同志听说了，就搬着椅子扒在门玻璃上来看电影。陈棣负责验票和维持秩序，每每和这些站在椅子上的观众发生"冲突"，就听见楼道里有人说：你小子等着，你不让我看电影，明天食堂咱们饭勺子上见。苏欧司的年轻同志很多都学会了操作电影放映机，放映水平最高的是陈棣，他琢磨这些事情很快，机器卡了，出了小故障都去问他。

我们借出来的影片有《两个人的车站》《办公室的故事》《这里的黎明静悄悄》《穿行西伯利亚的特快列车》《唱歌的女人》《命运的嘲弄》《神出鬼没的复仇者》等等。《复仇者》这部片子老少皆宜，是关于苏联成立初期红军和白匪作战的故事，情节紧张，抓人心弦。星期天在外交部大礼堂给部里的同志们和家属播放，这部片子由我做同声传译，影院过道里摆着一张小桌子，还有裹着红布的麦克风。我儿子和邻居家的孩子买到票当天也去看，他俩越听越觉得翻译的声音像我，等电影散场，灯亮起来，我看见这两个小不点儿在观众席上冲我又蹦又叫。放映员把我请到放映室，那里给我准备了一瓶啤酒、一冷盘牛肉和一个大馒头，稍事休息还要翻译下午那场。

受领导指派，我们还把《西伯利亚特快列车》这部电影拿到西山给叶剑英元帅放映。中央军委办公厅秘书告诉我，叶帅正在设家宴为邓小平副主席前往日本访问饯行，嘱咐我翻译的时候声音稍微大一些，两位首长听得更清楚。放映结束后，叶帅出门挥手送别邓小平同志，然后转过身来问了我一句，他讲的广东话我没有听懂，外交部礼宾司的高司长翻译给我"叶副主席问你，回去有车吗"，我马上回话说，谢谢叶副主席，有车。

这部片子后来还拿到中南海去放映，在场的领导同志有李先念、纪登奎、陈锡联。电影放完，我在后边收麦克风的线，听到李先念同志的湖北口音说"谢谢那位翻译哟"，纪登奎接着说"同声传译不错"。电影外交，既可以增加交流的机会，也可以更多了解苏联情况，还可以学俄语。

秘传信息

1982 年夏的一天，苏欧司于洪亮司长对我说，中央决定开辟渠道，向苏方传递明确信息，要改善中苏关系，实现两国关系正常化。邓小平同志指示要苏欧司司长跑一趟莫斯科，来完成传递这个信息的任务。这件事就由你和我一起去做，你是我的助手和翻译。于司长把要传递的信息交给我，要我翻译成俄文。主要内容是：中国最高领导诚挚希望实现中苏两国关系正常化。为此，苏方应采取必要措施消除中苏关系正常化的三大障碍，应从蒙古和中苏边界撤军，不再威胁中国；应从中国的邻国阿富汗撤军；应对越南施加影响，要其从柬埔寨撤军。

8 月 8 日，我们坐上北京直飞莫斯科的航班，飞行途中分别在心里默念着需要表述的内容。于司长对我说："小赵，如果我说中文的时候有任何遗漏，你也一定要按照既定内容，完整准确地翻译给苏方。"我回答："你放心吧，我明白了。到时候哪怕你背诵唐诗，我也照准备好的俄文对外说出去。"

为了给于司长传递消息创造场合，时任中国驻苏联大使杨守正同志在官邸宴请苏联外交部的两位副外长伊利切夫和贾丕才，俄外交部远东司司长罗高寿，还有正在苏联国内休假的苏驻华大使谢尔巴科夫。

于司长完整地向苏方传达了信息，伊利切夫当即做出回应："您所转达的信息都是要求苏方做这做那，是在为改善关系设置先决条件。"反应灵敏的"中国通"贾丕才似乎听到弦外之音，赶紧补充说："中方转达信息的行动，其中的含义我们可能还没有完全理解。我们会好好研究，报告上级，然后答复中方。"

8月18日，苏联外交部第一副部长马尔采夫约见我驻苏使馆临时代办马叙生参赞，表示苏方研究了中方传递的信息，并提出苏方建议：从当年10月开始，就实现两国关系正常化举行政府特使（副外长级）政治磋商。

第一轮磋商随即在北京举行，地点就在东交民巷附近的原奥地利驻华使馆（现中国国际问题研究院）。苏方指定的政府特使，正是那位出席晚宴的副外长伊利切夫。他是一位谈判老手，还是一位哲学家，哪怕是即兴发言，他也讲得条理清楚、逻辑性强。第一轮磋商结束后，中国外交部长黄华会见伊利切夫。黄华说："年轻的时候咱们打过交道，现在我们的身体大不如前，都成了纸老虎。"伊利切夫马上反驳说："我不是纸老虎！"黄华赶紧接着说："对，你不是纸老虎，我是。"

伊利切夫的老伴儿去世得早，他的儿子是苏军飞行员，在飞行事故中失事，剩下他孤单单一个人。晚年的时候，他把家藏的大量珍贵油画无偿捐献给了苏联国家博物馆。我现在也是一把年纪了，因为身体原因时常要去北京医院，每次都要从第一轮磋商的旧址路过，每次都情不自禁地想起当年的事。

模特表演

进入 80 年代后，中苏关系各方面交往逐渐有所恢复。1985 年从国内来了一支上海模特表演队，在莫斯科国民经济展览馆表演，展厅爆棚，有的姑娘为了看清楚都骑到了小伙子肩膀上。苏联民众对改革开放后中国的变化赞不绝口，说中国也有这样的轻松和时尚，不再是苏联人印象中的标语口号式国家。

中国驻苏联使馆还组织了专场表演，出席活动的有戈尔巴乔夫总统夫人赖莎·马克希莫夫娜、总理雷日科夫的夫人、最高苏维埃主席团主席葛罗米柯的夫人、外交部长谢瓦尔德纳泽的夫人。表演后的冷餐会上，葛罗米柯的夫人高高兴兴地跟我们说，她女儿参加了一个到中国的旅行团，回来后一连几天还兴奋不已，在家里一说话就是中国，说中国这也好、那也好。

边界谈判

1986 年 12 月，我从驻苏联使馆一秘的岗位上调回，担任苏欧司五处（边界谈判处）处长。中方边界谈判代表团团长外交部副部长钱其琛；苏方团长外交部副部长罗高寿，其他成员主要是苏联外交部远东司那班人马和苏联军方代表。

新中国成立之后，与苏联的边界谈判进行了好几次，是马拉松式的。1964 年 2 月至 8 月在北京进行了第一次中苏边界谈判，中方代表团团长是外交部副部长曾涌泉，苏方团长是边防军司令泽里扬诺夫。谈了半年多没有达成协议，双方争论的焦点主要是对历史上中俄签订的那些边界条约的定性。中方说那些条约都是不平等条约，苏方则认为两国间没有不平等条约。中方坚持分清历史事实，苏方反对。苏方的逻辑是：如果中方认为过去这些条约都是不平等条约，而双方却要在这些不平等条约的基础上来签订新约，那这些新约也是不平等的，中方随时可以推翻。

第二次谈判从 1969 年至 1978 年，中方团长先后是外交部副部长乔冠华、韩念龙、余湛，苏方团长是外交部副部长库兹涅佐夫、伊利切夫。这轮谈判是在中苏双方在乌苏里江珍宝岛发生激烈武装冲突之后，是在周总理和苏联部长会议主席柯西金在北京首都机场会晤、同意进行边界谈判的背景下举行的。中方主张按照两国总理机场会晤的意见，双方应采取措施维持边界现状，从争议地区撤出武装力量，脱离接触。苏方不接受"争议地区"的提法，说中方提出"争议地区"的概念就是意在向苏方提出领土要求。双方围绕着"争议地区"这四个字一争就是将近十年，随后谈判搁置。

1986 年 7 月，时任苏共中央总书记戈尔巴乔夫在海参崴（符拉迪沃斯托克）讲话，表示两国可以以黑龙江、乌苏里江主航道中心线划分国界。中方接过这一信号，着手准备进行第三次边界谈判，这次谈判于 1987 年 2 月在莫斯科开始。除外交部，还有总参边防局、总参测绘局的同志参加。谈判开始双方就直奔主题，各自拿出边界东段地图，找出不一样的地方（画法一样的地方就视为双方已达成一致），然后逐段阐述各自立场的依据（条约规定和实际地形），这样很快就把边界线走向梳理完毕。留下的问题主要是两个，一个是位于黑龙江和乌苏里江交汇处的黑瞎子岛，另一个是额尔古纳河阿巴该图洲渚。根据这次谈判结果，两国在 1991 年正式签署了《中苏国界东段协定》。1994 年两国又签署了《中俄国界西段协定》。

1989 年，双方开始在边境地区加强军事领域相互信任和边境裁军的谈判，这是边界问题基本解决之后的配套措施。1996 年双方签署了《关于在边境地区加强军事领域信任的协定》，1997 年双方签署了《关于在边境地区相互裁减军事力量的协定》。两个《协定》规定，双方各自在距离国界线 100 公里范围内不搞大规模军事演习、不搞大型实弹爆炸，如果进行人数超过 XX 人的军事行动，应邀请对方观察员到场。双方规定了在这个范围内军事力量的总数，包括军人员额和武器装备

★ 1991年5月中苏两国外长在莫斯科签署中苏东段边界协定（后排左3为于洪亮大使）

的数量。双方还组成联合监督组，每年都要相互检查。这两个《协定》成为后来上海合作组织成立的基础。

在边界问题基本解决之后，中俄双方还举行了界河个别岛屿双方共同经济利用问题的谈判。有的岛屿中方按照传统习惯登岛进行生产活动，比如种大豆，还有的岛屿俄方人员登岛割草。谈判针对这些具体问题达成一致，双方人民可在过渡期内继续进行生产活动，双方还可通过谈判延长过渡期。

界桩揭幕

2003年，我从驻匈牙利使馆回国退休了，随后被返聘欧亚司，参加中俄剩余边界问题的谈判磋商，担任中方专家组组长，参与解决黑瞎子岛和阿巴该图洲渚问题，苏方专家组组长是沃罗比约夫。黑岛问题解决的原则已由双方更高级别谈判确定，即本着互谅互让的精神平分该岛。我们专家组的任务是完成岛上的具体划界，基本是由北向南

★ 2008 年，作者参加在黑瞎子岛上举行的中俄国界东段界桩揭幕仪式

划了一条中线。

2008 年，实地勘界和立桩工作终于完成，我们坐船登岛，举行中俄国界东段界桩揭幕仪式。当时岛上还没有码头，就从船上接了两块跳板，颤悠悠地上了岸。踩上了这块土地，心里就踏实了。踩上这块土地，我们用了整整 40 年。

仪式上，首先升中华人民共和国国旗和俄罗斯联邦国旗，奏中俄两国国歌。我和俄方代表马雷舍夫先后致辞并共同为中方和俄方界桩揭幕。我在致辞里讲：毋庸讳言，两国曾经因边界问题而发生过流血冲突。今天两国边界上最后一颗界桩已经确立，今后双方共同努力，要把两国的边界变成和平、友好、互信的边界，有利于双方发展的边界。

双方联监组相互视察边防部队，俄方来我珲春边防团视察，我方人员在司令部讲解该部队现有人员和装备情况，然后俄方进行现场查验（我方去俄方一侧，程序相同）。按双方商定，还举行了军人百米

★ 1992年2月，俄罗斯总统叶利钦接受王荩卿大使（左6）递交国书后合影

跑比赛和篮球比赛。俄方跑不过我们的战士，说成绩不好是因为对情况不熟，要求重新比赛再跑一次，最后双方战士友谊第一。

解体评说

　　1991年苏联发生动荡之际，正巧王荩卿大使坐镇使馆。他本是被任命为新一任的中国驻苏联大使，但是苏联到了末期，情况混乱，无人顾及接受王大使递交国书。直到苏联解体了，他的致戈尔巴乔夫总统国书也没有递交上去。后来，只好紧急重新办理致俄罗斯总统叶利钦的国书，他成了首任中国驻俄罗斯大使。

　　王大使说，退休以后一定要写一本回忆录，书名都想好了，就叫《我是如何没有当上驻苏联大使的》。后来他因为身体原因未能完成这个心愿。

对苏联解体这一历史事件，有哲人说过这样的话：如果谁还想回到苏联，那是缺少理智。谁对苏联的解体不感到惋惜，那是没有良心！俄语还有这样一句话：什么东西从车上失落了，那就是失落了。

坦诚支持

在中国驻南斯拉夫使馆被美国导弹炸毁之后，叶利钦总统主动打电话给中国领导人，表示对美方行径的谴责。他说："我的朋友，我的手上还有那么一些小玩意儿（导弹），需要的话我可以让它们飞到美国去。"

在台湾问题上，苏联时期和俄罗斯时期的立场都是十分明确的。1998年，中国领导人访问时，俄罗斯领导人在台湾问题上的表态是最明确的。对方做出了"五不"承诺，其中包括承诺不向台湾出售武器、承诺不支持"台独"、承诺反对台湾参加只有主权国家才有权出席的国际活动。

1999年12月，叶利钦最后一次访华。双方领导人会谈时，俄罗斯总统明确指出：美国的那个总统要搞什么单极世界，他这是想入非非，自我安慰，自我陶醉。

世代友好

多少人与事，汇成时间的河，这里面有欢笑有泪水，有一代又一代人的工作和坚持。

苏中友好协会责任秘书库利科娃女士长期以来对华友好，在中苏关系最艰难的时候她也不讲中国的坏话，努力搞一些正面介绍中国的活动。她曾组织朗诵中国唐朝诗人杜甫的《茅屋为秋风所破歌》，让"安得广厦千万间，大庇天下寒士俱欢颜"的情怀在俄罗斯土地上流传。有一次中国领导人会见时询问参加友协工作有多少年了，她自豪地回答说："一辈子。"

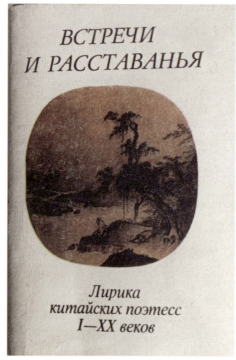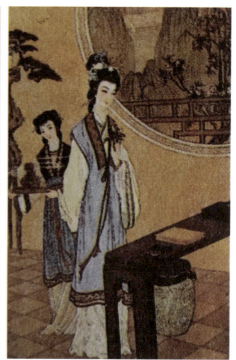

★ 巴斯曼诺夫翻译出版中国女诗人抒情诗集《离别》

苏联外交部第一远东司司长贾丕才身材魁梧、爱好喝酒，被俄外交圈内称为"不拘小节、最富特色的人物"。他邀请使馆的同志到莫斯科郊区外交别墅洗桑拿，蒸到大汗淋漓之时赤条条冲到院子里，直接在雪地上打滚儿，还招呼大家一起来。他写过许多有关中苏关系史的书，诸如《中苏关系》《两个十年，两种政策》《三个十年，三种政策》。他说，如果苏中关系能够正常化，他就把这些东西全都烧掉。

俄罗斯外交部远东司副司长巴斯曼诺夫是一位汉学家，对古诗词情有独钟。他曾翻译出版了中国女诗人的抒情诗集《离别》（встречи и расставания），并赠送给访问俄罗斯的中国领导人。每当朗诵自己创作的纪念中国宋朝李清照的诗，他深情呼唤易安居士，声泪俱下。

如果当年借给我们电影的高尔什·弗拉基米尔·格里高利耶维奇能活到今天该多好，他总是那么乐观热情，真心希望两国友好。在病危时，他仍不忘老朋友，在告别信函中指出："在两国的一些年轻人中存在某种'西方热'，这就需要双方致力于相互尊重、睦邻友好的传统代代相传。而这里，就有我们老朋友做工作的空间。祝愿你们成功、顺利。"

让我们把友谊的接力棒继续传下去吧！

 作 者 简 介

　　吴筱秋，浙江温州人。1964 年北京外国语学院俄语系毕业后进入外交部翻译室工作。1979—1985 年在中苏国家关系谈判办公室工作。1985—1989 年在中国驻苏联大使馆工作，历任二秘、一秘。

　　1989—1996 年在外交部苏欧司（苏联解体后改为欧亚司）工作，历任副处长、处长、副司长。1996—1998 年任中国驻俄罗斯大使馆公使衔参赞兼研究室主任。

　　1998 年 3 月至 2002 年 2 月，任中国驻白俄罗斯共和国大使。

耕耘不辍的岁月

吴筱秋

（中国外交部欧亚司原副司长，原驻白俄罗斯大使）

我出生于上世纪 40 年代初，受 50 年代中苏友好氛围的熏陶，也出于对俄罗斯文学艺术的喜爱，在考大学时我把俄语专业作为自己唯一的选择。从此一生的职业生涯就不可避免地随着中苏关系的风云变幻而起伏。

坐冷板凳不忘提高外语水平

1964 年，我从北京外国语学院毕业进入外交部翻译室工作时，中苏关系已经开始恶化，并逐渐跌落到冰点。直到 70 年代末的十几年里，由于两国交往很少，翻译室经常无事可干，只是偶尔有一些笔译的任务。

我们没有机会接触苏方人士，没有俄文报纸杂志和电视可看，也没有俄文广播可听。学外语的人都知道，没有实践，不坚持学习，语言水平就会断崖式下降。当时我就很担心这样下去，一旦两国关系走上正轨，需要我们出力的时候，如何能够适应工作的要求呢？于是，在翻译室"坐冷板凳"的十几年里，除了完成有限的工作任务外，我给自己定的主要目标是竭尽全力保持，当然最好是能提高自己的外语水平。

听力和口语的能力因不具备条件，只能无奈任其退化，但阅读和

笔译的水平自己是可以设法提高的。没有报刊，就多读俄文的文学作品。但是已借不到、也买不到俄文文学著作，只能把自己手头仅有的两三本书拿来反复阅读。幸运的是，1975年我被借调到新华社参加《汉俄译例汇编》的编辑工作，不仅有了很好的笔译机会，而且在那里休息室的一个旧书柜里发现了好几部俄文版的世界名著，包括《基督山伯爵》《悲惨世界》《苔丝姑娘》《月亮宝石》等等，真让我喜出望外。我把这些作品如饥似渴反复读了几遍，阅读能力得到迅速提高，也积累了大量词汇，为我后来到使馆工作时提升听力和口语水平打下了基础。

我在翻译室工作的时候，但凡有外国元首或政府首脑访问，都会邀请使团参加国宴。需要把主宾双方的宴会讲话稿译成中、英、法、俄、阿五种文字，提供给相应的宴会宾客。那个时候来访的主要是亚洲和非洲的国宾，偶尔也有来自欧洲的。专机一般都在下午四点左右抵京，晚上七点以前译稿要送达宴会厅。外方的稿子一般都是英文或法文的。我们在大学里英文作为第二外语学过，英文稿可以直接往俄文先译起来，等英文组中译文出来后核准一下就行，从来不会误事。法文稿就只能坐等法文组出了中译文后再开始翻译俄文。非洲来的国宾讲话往往都相当长，曾不止一次出现来不及在七点前把俄文稿送达宴会厅的情况。为提高水平和工作效率，我同俄文组里的几个同事去部里业余学校上英文课和法文课。每周各两堂课，上午七点半到九点。后来我在使馆领事部工作时，那点扫盲班水平的法文偶尔还派上了用场。

钱副总理言传身教受益匪浅

1979年4月，我国全国人大通过决议，决定《中苏友好同盟条约》期满后不延长，但同时照会苏方，建议就改善两国关系举行谈判。为此，部里专门成立了中苏关系谈判办公室。这年底，我从翻译室被调入这个办公室工作。

当时部里给我们办公室布置了一项任务，把两国关系恶化后相当长一段时期在媒体、舆论，甚至影视节目里经常提及的一些中苏关系的事件和问题，通过全面查阅有关的原始档案，整理出反映历史本来面目的真实客观的材料上报。我们办公室的几个人按不同题目进行了分工，我当时写了有关"联合舰队""长波电台"等问题的三个报告，我至今仍认为这是一件很有意义的工作。

1982 年 10 月双方开始就两国关系正常化政治磋商后，我承担的工作主要是起草谈判发言稿、做磋商简报和撰写总结报告。每次磋商都会涉及消除"三大障碍"、国际问题和双边关系三个部分，分别由三个人起草。起草之前，钱其琛团长会召集我们开会，对三个部分情况作个分析并将要谈的主要内容作个交代，然后给我们规定交稿的时间。我每次都是负责起草有关消除"三大障碍"部分的发言稿。最初几轮磋商双方分歧很大，毫无进展。因而在起草发言稿时，有时会感到困惑，没新话可讲。团长曾说，要老话新讲。有时我半夜里想起几句新话，就会立即从床上跳起来记下，生怕第二天忘掉了。每次我们把稿子交上去后，团长会在当天晚上审改出来，第二天让他的秘书送过来时，都会转告我们，他是在夜里审改的，难免会有不妥之处，如发现有任何问题，要直接提出来。他的平易和谦逊，让我这个初出茅庐的笔杆子深为感动和敬佩。

写到这里，我还想到了一件他爱护年轻干部的事。大概是在 1995 年，他已经是副总理兼外长。有一次，一个独联体国家的议会代表团来访，随访的也有外长。那天上午，钱副总理会见这位外长，我当时是欧亚司主管双边关系的副司长，负责给他指派翻译。当时司里能用的翻译都有任务在身，我只能让一位刚休完产假的年轻同事给他当翻译。会见时我也在场陪见，发现这年轻人久未上场，明显有些紧张，翻译得很不理想。会见结束后，钱副总理把我叫到一边，问："你从哪儿给我找来这么个翻译呀？"我说，她是北大研究生毕业，基础很好，只是刚休完产假没几天，还未来得及好好恢复业务水平。我问，下午会见议长，要不要换翻译？他想了一下说，跟议长会见主要是礼节性的，还是不要换吧，换了会对她造成很大的心理压力，对她不好。

钱副总理对办事的时效性要求很高。每次磋商结束后，简报都必须在当天出手。有时会谈拖延时间很长，简报起草好后已是深夜，但无论多晚，他都会在家里坐等。我们送去审批后，就直接坐车回部送文印处。在这种情况下，我往往无法回家，在办公室用几张凳子搭个铺凑合一夜，因为第二天上午还要继续磋商。如果磋商在莫斯科举行，磋商结束后，他会在上飞机前召集大家开会总结一下，要求返京时就打印。我就在飞机上支起前排靠背的小桌板起草总结报告，下飞机前他就会审批出来。我们下飞机时，文印处的同志就已经等在机场取件了。在磋商代表团工作的两年里，钱副总理的言传身教让我终身受益。

领事工作直接关系百姓福祉

1985 年 3 月，在莫斯科参加完第六轮磋商后，我留在使馆常驻了。第一年我在领事部工作。这对我来说是一个崭新的工作领域，让我增长了很多知识，也有新的领悟。

这里我想提及印象最深刻的一件事。当时两国虽然还未实现关系正常化，但双边的具体交往已逐渐放开，包括领事方面。上世纪 60 年代三年困难时期，有一批人从新疆非法越界进入苏联中亚地区，他们中间少数民族居多。这些人进入苏联境内后，既入不了苏联国籍，又无中国护照，都只能持无国籍证，二十多年来未能回国与亲人团聚。两国关系解冻后，我国政府已同意他们持所需材料来使馆办理回国探亲手续或申领中国护照。经我国有关部门审核后获取批准。使馆每天要接待大量申办签证的人，有不少人因手续不齐往返几次。得到签证的人往往会喜极而泣，因为他们终于能够回到阔别多年的家乡探亲访友。

1986 年春节期间，使馆举办了间歇多年的华侨招待会，邀请各地

★ 1987 年在驻苏联使馆参加使团妇女俱乐部举办的义卖活动（左 2 为作者）

仍然健在的老华侨和新领护照的新华侨代表一起参加。许多人因为多年后再次体验到祖国怀抱的温暖而激动得泪流满面。招待会的感人场景，让我直观地感受到，我们这些为改善两国关系而工作的人责任之重大。为此，我们每添一块砖，每加一片瓦，都直接关系到普通百姓切切实实的福祉。

在领事部工作虽然繁忙，但晚上是不用加班的，我下决心利用这个机会打一场提高听力水平的"攻坚战"。坚持不懈地每晚从 6 点到 11 点连续五个小时看电视，内容涉及各个领域，包括广告。功夫不负有心人，第二年我被调入研究室工作时，已经能够胜任俄文电影的同传翻译工作，那一年我 46 岁。

中俄关系发展走上快车道

1989年3月，我从使馆工作期满回国后，就立即投入了戈尔巴乔夫总统访华的准备工作。先是陪同为总统访问做前期准备工作的普里马科夫来访，后来又参加了总统访问时两国拟发表的政治文件的商谈工作。戈尔巴乔夫来访期间，我作为记录和简报起草人，参加了杨尚昆主席会见和李鹏总理会谈。实现关系正常化后的同年10月，双方成立了军事和外交专家代表团，开始就两国边境地区裁军和加强军事领域信任问题进行谈判。我作为外交专家，参加了头两年的谈判。接二连三的访问和连轴转的会谈，这本身对我来说就是很好的学习和锻炼机会。体验过坐冷板凳之苦的我，面对这些热火朝天的工作更深感乐在其中。

苏联解体后，原先的苏联东欧司改为东欧中亚司，工作对象除俄罗斯外，增加了14个新独立的原苏地区国家，业务量一下子增加了好

★ 1990年夏参加中苏边境地区裁军谈判结束后参观边防部队（前排左5为作者）

多倍。我先后担任主管处长和副司长，经常加班加点，我们的工作可以说开启了"超常模式"。日常双边交往事务十分繁杂自不必说，新建交国家的元首和总理纷纷访华，我国领导人也相继回访。与接待来访和准备出访相关的各种任务几乎排满了日程，中俄关系发展更是走上了快车道。

从 1992 年到 1996 年在欧亚司工作的短短四年里，我 1994、1995 年分别随江泽民主席和李鹏总理访俄；1995 年随江泽民主席赴莫斯科参加反法西斯战争胜利 60 周年活动。1992 年和 1994 年随钱其琛副总理访俄。与此同时，1992 年底参加了叶利钦总统访华的接待工作；1994 年、1995 年先后两次参加科济列夫外长访华的接待工作。频繁的高层互访，带动了两国在各个领域的具体交往都迅猛发展。

鉴此，我在日常工作中，与当时俄罗斯驻华使馆主管双边关系的莫伊谢耶夫公使先生（后曾任上合组织俄罗斯总统特使）和杰尼索夫

★ 2018 年 3 月，杰尼索夫大使向参加老朋友俱乐部活动的作者献花祝贺三八妇女节

公使先生（后曾任驻华大使）的联系与合作十分频繁而融洽，并由此成了几十年的老朋友、好朋友。每次参加老朋友俱乐部活动时，杰尼索夫大使总是对我这位女士特别照顾，有时还专门给我献花，让我深受感动。

参与十年历史文献汇编项目

2004 年 4 月 27 日，中俄两国外长在莫斯科签署了两国外交部合作编辑出版 1949—1955 年双边关系历史文献汇编的议定书，并将其列入了中俄睦邻友好合作条约实施纲领的一个项目。

2005 年秋，在退休后的第四个年头，我被外交部返聘进入档案馆，从事这部历史文献汇编的具体编辑工作。同我一起返聘的是已故原驻格鲁吉亚大使张咏荃老友。返聘参与文献汇编第一卷工作的还有贺国安和张清泉两位老同事。能够有机会发挥自己的余热参与这项意义重大的工作，我内心充满喜悦，也抱有极大的热情。我认为文献汇编的出版不仅对年轻一代了解这段历史很有价值，对于我们这一代人也同样弥足珍贵。因为在汇编涵盖的年代里，两国关系中的重大事件都发生在我们未能亲力亲为的少年时期，当时都只是从新闻媒体中非常肤浅地知道一些皮毛，对实际情况一无所知。

开始返聘工作前，我认为既然是现存档案材料的汇编，估计不会太难，有个两、三年的功夫应该就能完成。然而，一旦进入实际工作阶段，就发现事情远不是那么简单。

首先，俄方的档案解密和开放工作起步较早，而我方起步要晚得多，双方在档案解密、开放的深度和广度上差距颇大。鉴于中俄商定的出版原则是双方文本必须完全一致，在围绕某一事件选用文献时，双方难免会因开放程度不同而产生分歧。极个别情况下，我方若要选用尚未开放的文件，就必须单独报批，因此双方常常要反复讨论协商。

其次，建国初期，我国的档案工作不够完整和细致。这个问题在

★ 2014年随档案馆鲁桂成馆长（左3）赴俄协商文献汇编时在克里姆林宫内广场与俄方同行合影（左4为作者）

汇编第一卷的工作中尤为突出。在这种情况下，围绕一个事件，即使俄方提供的文件规范，如我方未能找到相关档案文件加以印证，极易产生分歧，须双方反复协商取舍。

第三，双方在国际问题合作领域中，难免会涉及第三国。六七十年过去了，国际形势和第三国情况及我国与其关系都发生了很大变化，因此有些文件从整体上看可以选用，但因涉及第三方，哪怕只提及国家的名字都必须由主管该国外交事务的地区司来决定文件的取舍，会签和审批的过程颇为繁琐。鉴于双方商定不可对入选档案文献做任何删减，因此有时只能将该类文件舍去。

除此之外，文献汇编里收入的俄方档案和材料需要进行翻译，即使是原先有过译文的公开材料，也需要重新审校，并且译文的质量要求很高。在职的欧亚司人员都在满负荷工作，不可能承担这项任务。

于是我请求几位已经退休的大使老友同我一起挑起这副担子,翻译过程自然需要一些时间。

综上所述,从 2005 年秋开始合作,到 2009 年文献汇编的第一卷(1949 年 10 月—1951 年 12 月)才得以出版,好在赶上了为两国建交 60 周年献礼。第二卷(1952 年—1955 年)至 2015 年才出版。以整整十年的时间,最终完成了这项工作。其间,我曾在 2008 年和 2014 年两次随档案馆领导去莫斯科同俄罗斯外交部档案馆的同行们详细讨论和协商与汇编有关的各种问题,两部档案馆建立起了非常良好和有效的合作关系。

十年的文献汇编编辑工作不仅让我切实地了解了那个时代两国关系历史中的许多事情,也由此引发了一些感想。这里我想谈两点自己颇为深切的感触。

其一,在台湾这个涉及我国核心利益的问题上,苏联在任何情况下,都坚守支持我国的原则立场。在汇编所及的年代里,美国不顾自己签字画押的《开罗宣言》和《波茨坦公告》等国际协定中关于台湾归还中国的条款,顽固借口所谓"台湾地位未定"支持台湾当局的所谓"代表"霸占我在联合国的席位,反对恢复我国在联合国的一切合法权利。苏联代表则在历次联合国大会和各种国际场合反复强调台湾是中国领土不可分割的一部分,要求美国遵守国际协定,驱逐台湾"代表",并表示在联合国各种机构中,凡有国民党非法代表而没有我国代表的,苏联代表不参与其工作。即使在两国关系恶化的年代里,这个立场也始终未变。1971 年 10 月 25 日,第 26 届联合国大会表决通过恢复我在联合国一切合法权利的第 2758 号决议时,我们两国在珍宝岛流血事件后,处于政治上尖锐对立、军事上严重对峙的情况下,苏联依然投了赞成票,展示了其大国外交的远见和原则性。

其二,文献汇编涵盖的年代,是新中国成立初期,处于国际上被资本主义阵营全面封锁孤立的境地。苏联的经济技术援助对我奠定经济基础以巩固新中国立足之本而言意义重大。在这个过程中，苏联派遣的顾问和专家们做出的贡献给我留下深刻的印象。这里我着重要提及的是，在制定第一个五年计划的过程中，他们在总结自己国家经济建设的经验和教训的基础上，提出了许多意见和建议，对我少走弯路，顺利实施第一个五年计划发挥了重要作用。汇编第二卷收入的国家计委党组关于苏联顾问与国家计委对我五年计划草案意见的研究结果报告中指出，苏方专家们总共提出了 55 条意见，我方吸收了 32 条，原则同意的有 15 条，只有 8 条因条件所限在第一个五年计划中难以实现而搁置。详细阅读这篇报告中所提的专家意见，就会发现这些意见十分中肯和切合实际。此外，汇编中的有些文件也反映了苏联政府在向我派遣专家时，提醒我不要过于追求数量，要充分发挥已有专家们的作用并大力培养自己本国的技术人才。专家们在援建工作中，对他们自己存在的问题和不足也会毫不掩饰地如实上报，让人感受到苏联人民在帮助我们时的真心实意。

在中俄建交 75 周年即将来临之际，回顾历史，展望未来，我衷心祝愿我们两国人民世代睦邻友好，共享持久的和平与安宁。

周晓沛
ЧЖОУ СЯОПЭЙ

　　周晓沛，1945年生，浙江乐清人。1969年毕业于北京大学俄罗斯语言文学系，1971—1972年在北京外国语学院俄语系进修。1973年到外交部工作，曾任中苏边界谈判代表团联络员，驻苏联使馆随员、三秘、二秘，苏联东欧司苏联处副处长、处长、参赞，东欧中亚司副司长、司长，中国驻俄罗斯使馆公使衔参赞、公使，驻乌克兰、波兰、哈萨克斯坦特命全权大使。

　　现任外交部外交政策咨询委员，中俄友好、和平与发展委员会老朋友理事会主席，外交部老干部笔会副会长，外交学院兼职教授。著有外交回忆录《中苏中俄关系亲历记》（世界知识出版社）、《大使札记——外交官是怎样炼成的》（人民出版社）、《别样风雨情缘》（五洲传播出版社），主编《筚路蓝缕——新中国外交风云录》《世代友好——纪念中俄建交70周年文集》及"一带一路"丛书（中、外文版）《我们和你们：中国和俄罗斯的故事》《中国和哈萨克斯坦的故事》《中国和乌兹别克斯坦的故事》《中国和波兰的故事》等。

　　曾荣获波兰共和国高级十字功勋勋章，哈萨克斯坦共和国荣誉证书和独立20周年奖章，外交部优秀外交官称号。

从电影渠道到老朋友俱乐部

周晓沛

（中国外交部外交政策咨询委员，中俄友好、和平与发展委员会老朋友理事会主席）

中学年代，我读了第一本外国小说《钢铁是怎样炼成的》，深受主人公保尔·柯察金的英雄精神所感动，开始喜欢上俄罗斯文学。学外语时，因觉得发"p"音很好玩，我也就喜欢上俄语，并当上俄语课代表。1964年，我考上了梦寐以求的北京大学俄罗斯语言文学系。从此，我与俄罗斯结下了不解之缘。

自1973年进入外交部起，我先后经历了唇枪舌剑的中苏边界谈判，"聋子对话"式两国关系正常化政治磋商，"结束过去、开辟未来"的中苏高级会晤；见证了中俄双方从相互视为"友好国家"到成为"建设性伙伴"，再到建立"中俄战略协作伙伴关系"……退休后仍不忘初心，写的第一本外交回忆录就是《中苏中俄关系亲历记》，并与俄罗斯朋友一起创建"老朋友俱乐部"，赓续民间友好交流。

近半个世纪以来，不论两国关系好坏或遇到什么障碍，双方外交官都力求相互理解信任，携手缓和局势、化解难题、推动合作。中俄老朋友在同一"战壕"中凝结的真挚友情历久弥新，这也从一个侧面反映了两国人民世代友好的深厚传统友谊。

外交启蒙老师

1973年初，我在北京外国语学院进修毕业填报志愿时，觉得外交部高不可攀没有敢报。后来得知，我是经俄语系老师推荐被分配到外交部。入部时，苏联东欧司苏联处田曾佩处长与我谈话，从政治、业务、纪律各方面都提出了明确要求，强调"外交无小事"，要做到"站稳立场、掌握政策、熟悉业务、严守纪律"。他还特别提到，从此开始，我已不再是学生，而是一名光荣的外交战士了。

当时，中苏两国边界谈判正在北京举行，领导安排我到中苏边界谈判代表团实习。到代表团后，首席团员马叙生与我谈话，强调我们都是"文装解放军"，要有铁一般的纪律，并希望我尽快成为中苏边界问题"不可替代的专家"。没过多久，组织上就指定老翻译王钢华作为我的入党联系人，同时也是业务上的指导老师。他经常找我谈心，鼓励我争取早日入党，并主动传授经验，从参加外事活动要注意什么、怎样与对方交谈、如何打电话以及怎么坐车等都一一指点，手把手地教我。有一次，我给苏联边界谈判代表团联络员打电话，通知双方谈判的时间。我刚放下电话，在对面办公室的王钢华老师就过来提醒说："小周，以后这样的电话通知一定要注意三要素，即日期、时间和地点，最好重复一遍或让对方确认一下。"他还给我讲了一个案例，一位秘书记错了时间，当领导去机场送人时对方专机早已起飞了，因此而受到处分。有些细节看似小事，里面却有颇多学问。

新中国老一代外交官都是在周恩来总理的严格要求、精心培养、言传身教下成长起来的，无论做人、做事都令人敬佩。代表团的老同志都是我学习的榜样，都是我从事外交工作的启蒙老师。老马（那时我们对领导都这样称呼）是50年代莫斯科国际关系学院的留学生，文质彬彬，平易真诚，对工作要求十分严格。有这样一件事令我终生难忘。他让我誊抄文件，因为字迹潦草，也未核对，我受到严厉批评，开始还不理解。当看了周总理办公室退回的手抄件，上面都是密密麻麻的批注，包括打错的标点都改了过来，我如醍醐灌顶，这才老老实实地一笔一划重新认真誊写。从此我牢记这个教训，再未犯类似错误。

电影渠道递信息

上世纪七八十年代之交，中苏关系处于调整变化的微妙时期。在十年论战、十年对抗之后，当时两国官方几乎没有交往，相互间很难进行正式交流，更无法传递信息。在这种特殊背景下，"кинокана л"（电影渠道）应运而生。

★ 上世纪 80 年代深受中国观众喜爱的苏联电影

所谓"电影渠道"，是指中国外交部苏联东欧司和苏联驻华大使馆之间各有两名联络员，以借放苏联故事影片为名进行定期接触，释放某些信息。譬如，双方开始酝酿改善关系时，苏方十分着急，想加快进程，中方通过这一渠道转告对方，不能急，要"小步走"。中方最早的联络员是苏联处的陈棣、潘占林、赵希迪，我是后来的接任者。

苏联电影故事性强，贴近现实生活，艺术内涵丰富，加之演技生动逼真，看过之后往往印象深刻，感动长存心中。在中苏关系史上，它还成为两国人民交流的桥梁。大家可能记得，80年代颇受观众喜爱的苏联电影《这里的黎明静悄悄》《莫斯科不相信眼泪》《两个人的车站》《办公室的故事》等，最先都是通过我们这个"电影渠道"进来的。

自1974年在边界谈判中就相交相知的柯斯嘉（康·伏努科夫大使，现为中俄老朋友理事会成员）回忆说：双方定期会见大多安排在城里的餐馆进行，以转交苏联电影胶带的金属盒作掩护，我们向中国同事传递苏方立场，听取并向中央准确转达对方的论据。我们之间也有争论，但与聪明的中国同事打交道不仅帮助我们提高了自己的"中国见识"，还在日坛饭店第一次品尝了口味独特的糖醋活鱼。

1982年苏联领导人勃列日涅夫去世后，安德罗波夫就任苏共中央总书记，主动提出要派主管经贸的第一副总理阿尔希波夫访问中国。开始时，中方对此没有回应。为了推动这一重要访问，苏方就通过"电影渠道"向我们放风：苏联新领导人真心要改善对华关系，而且指派这一人选也是考虑了各种因素。阿尔希波夫50年代担任过苏联援华专家总顾问，是中国人民的老朋友，认识陈云等老一辈中国领导人，可以顺便进行高层接触。中方答复同意后，就在访问计划将要实施的前一天，苏方突然以"技术原因"为由推迟访华，引起中方强烈不满。此时，苏方又通过这一渠道透露：契尔年科接任总书记后对华政策没有改变，只是因中越边境武装冲突升级而暂时推迟。在双方的共同努

★ 1984 年 12 月，陈云和阿尔希波夫亲切会见

力下，访问终于在 1984 年底成行，并取得了很大成功。陈云、彭真、李先念、万里等老朋友亲切会见了阿尔希波夫，双方久久相拥难舍。陈云还书写了"山重水复疑无路，柳暗花明又一村"条幅相赠，预示中苏关系迎来了新转机。

此访被比喻为两国关系回暖的"第一只春燕"，为后来举行中苏高级会晤、实现两国关系正常化做了铺垫。正如苏方当事人瓦洛佳（弗·高尔什）所言，电影渠道开启了相互关系"解冻"的积极进程。

桑拿外交无秘密

1994 年至 1996 年，我在中国驻俄罗斯大使馆担任公使期间，为了加深与俄罗斯朋友的关系，定期邀请他们到使馆洗桑拿浴。除了俄罗斯外交部主管局同事外，有时还包括总统府官员和新闻界朋友。

作为正式交往的一种补充渠道，在热气腾腾的桑拿房中，双方都赤裸相待，没什么"秘密"可言，更易坦诚相见，被俄罗斯朋友笑称为"голая дипломатия"（桑拿外交）。实际上，这是"电影渠道"在新形势下的某种延续，而且内容更为充实丰富。

第一次桑拿活动很正规，双方先后致辞，商定成立桑拿俱乐部的

★ 俄罗斯朋友基列耶夫、阿法纳西耶夫、莫伊谢耶夫、伏努科夫、拉什科夫、洛格维诺夫等携家属到中国大使馆做客

章程。我声明从未洗过桑拿，米·别雷局长让我坐在桑拿室最下面一层并把毛巾盖在我头上，而他们不怕热都坐在最上面。蒸完第一遍，坐下来一起喝青岛啤酒。蒸完第二遍后，继续喝啤酒。有的俄罗斯朋友还蒸第三遍，并跳进冰冷的水池里过瘾，最后一起吃猪肉大葱馅饺子。

双方交谈内容无所不包，除了交换一般性意见和想法外，有时也涉及重要的敏感问题。在准备高访的过程中，双方主要通过正常的外交途径来讨论解决各种问题，但有时遇到一些不方便直说的难题，也可借助桑拿外交。如有一次俄罗斯总统访华前夕健康状况不佳，对方就在洗桑拿时"顺便"提到，希望在欢迎国宴上不要上茅台。我们立即将此信息报告北京。又有一次，俄罗斯总统访华正值俄国内大选前夕，我国领导人在谈话中两次提到，希望俄罗斯在总统阁下的领导下，中俄两国关系平稳、健康地向前发展。在洗桑拿时，我询问他们是否

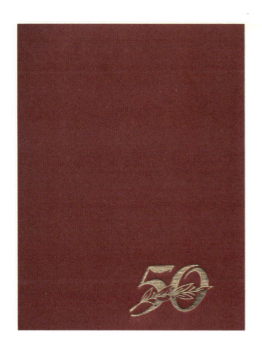

明白其中的含意？对方说，无论外交部，还是总统府，都注意到了这句话的分量，并认为这种支持反映了两国最高领导人之间的信任关系。中俄启动国家元首定期互访机制后，俄方想推动建立两国总理定期会晤制度，但又没有把握，就利用桑拿渠道先进行试探。俄方一再强调，两国总理会晤制度与总统互访机制不会有什么冲突，相反有助于落实两国最高领导人达成的协议。在我方表示愿意就此问题进行探讨后，俄罗斯外交部正式提出建议，双方很快就此达成协议。

我在莫斯科工作的两年半时间里，先后与别雷、叶·阿法纳西耶夫、列·莫伊谢耶夫三位局长洗过桑拿。最让我感动的一次是，俄外交部同事在桑拿房隆重地为我举行五十大寿庆祝活动，阿法纳西耶夫正式宣读装在红皮夹子里的生日贺词，并献上一大包特殊生日礼物——桑拿专用桦树枝条。洗完桑拿后，瓦洛佳让我躺在长条木凳上，用温水泡开的桦树枝条将我全身抽打了一遍，感觉好爽啊！

君子协议解难题

中俄关系走过不平凡的曲折发展历程。令人难以忘怀的，恐怕要数1991年12月25日苏联宣布解体那一天，我以苏联东欧司参赞的身份随同中国政府代表团恰好抵达莫斯科，准备与俄方谈判解决两国外交关系的继承问题。经过友好商谈，双方很快就所有相互关切的重大原则及法律问题达成一致，顺利实现了从中苏关系到中俄关系的历史性过渡。当田曾佩和库纳泽副外长代表两国政府在外交部签署《会谈纪要》后，俄方主管官员伊·莫尔古洛夫（现为俄罗斯驻华大使，老朋友理事会成员）在电梯里用中文与我咬耳朵说："老周，下一步该考虑安排总统访华了吧？"因这个问题较为微妙，我只是说"再想想"。告别时，我使劲握了一下对方的手并点头示意。2009年，我撰写《中苏中俄关系亲历记》时，特地询问时任俄驻华使馆公使衔参赞莫尔古洛夫："可否将我们在电梯里说的悄悄话写进去？"他说："好啊，写吧！"

　　双方经过近半年的相互试探、摸底和磋商后，俄总统首次访华才正式提上日程。在准备高访成果文件时，俄方坚持要搞条约，中方只同意搞公报；俄方提出搞联合宣言（декларация），而中方则主张搞联合声明（заявление），双方僵持不下。在访问前夕，谢·拉佐夫局长（后曾任驻华大使，老朋友俱乐部成员）来京磋商。在上次商谈外交继承问题时，我们俩曾很快达成《会谈纪要》文件的措辞，这次绞尽脑汁怎么也想不出好办法。无奈之下，我只好求助于俄文权威刘泽荣主编的《俄汉大辞典》，想在文字翻译上寻找出路。结果发现了"新大陆"，俄文 декларация 有两种解释：一是宣言；二是（外交）共同声明。这下可好办了，既然有"声明"的意思，不妨同意俄文的表述。我马上抱着大辞典去请示田曾佩副部长，他赞同用这种变通办法进行技术处理，同时叮嘱不能出半点差错。为了保证万无一失，我们还就具体操作细节达成"君子协议"：当俄方领导人提到政治文件的名称时，

★ 1992 年 11 月，中俄两国外长在莫斯科草签两国领导人首次会晤《联合声明》

俄方翻译成中文"声明";而中方领导人讲到"声明"时,中方翻译成俄文"宣言"。为了预祝成功,我们在使馆会客室一起喝了香槟酒。

1992年12月俄罗斯总统首次访华取得圆满成功,两国领导人见面谈得很好,消除了隔阂,郑重宣布"相互视为友好国家"。这句话看似简单,得来却是不易呀!从此,中俄开启了建立战略协作伙伴关系的"新纪元"。

创建老朋友俱乐部

2006年秋,我刚从外交一线退下来,时任俄罗斯总统特使的莫伊谢耶夫大使来北京出差,专门打电话约请当年在莫斯科一起工作过的老朋友到雅宝路俄罗斯餐厅聚会。已经十多年没见面了,老大使们相

2006年莫伊谢耶夫大使宣布成立老朋友俱乐部

互热烈拥抱，都非常激动。大家按当年惯例轮流祝酒致辞，边吃边聊，十分愉快。结束时，莫伊谢耶夫站起来，郑重倡议成立"клуб старых друзей"（老朋友俱乐部），以后定期见面叙旧，大家一致表示赞同。从此，我们轮流坐庄，实行 AA 制，每年都要聚会几次，有时还到我们家里做客。这也是难得的人间真情！

2011 年，莫伊谢耶夫改任驻新加坡大使后，特地从莫斯科给我写信说："当初成立老朋友俱乐部的想法，看来是正确、及时的。在北京的会见，使我们得以重新回忆那段很有意思、责任重大的时光。那时，为了恢复和发展两国和人民之间的关系，我们双方携手协力。"

2013 年 6 月，俄罗斯新任驻华大使安·杰尼索夫（錢益壽）刚到北京，就表示希望会见老朋友。我们俩已有 30 年交情，他精通中、英文，为人谦和真诚，在外交同行中口碑很好。2009 年中国前外交官联谊会代表团访俄时，他作为第一副外长曾会见我们。在谈话中，杰尼索夫回忆了 20 世纪 80 年代在北京工作时与中国外交部同事之间的友谊。他指出，尽管当时苏中关系非常复杂，但两国外交官总是友好相处，共克时艰。他还当场用中文书写了"錢益壽"三个繁体字，转向我说："这是今天在座的周晓沛同志那时给我起的中文名字。"我如约前往使馆，介绍了老朋友俱乐部的情况，邀请錢益壽参加老朋友聚会，并授予老朋友俱乐部纪念章。

同年 8 月，老朋友俱乐部在和谐雅园为杰尼索夫大使举行欢迎宴会，正式颁发由所有会员签名的《荣誉会员证书》。大使用流利的汉语表示，今天见到这么多老朋友感到非常激动，对成为老朋友俱乐部荣誉会员感到非常自豪。大使参观了和谐雅园小区老干部活动中心，并到我家做客。当时在京出差的维·沃罗比约夫大使也参加了这次聚会，并申请加入老朋友俱乐部。

大使盛情邀请我们到使馆清代建筑红房子搞活动，品尝俄罗斯风味烤肉和正宗伏特加。原国务委员戴秉国、老部长田曾佩和张国宝

★ 2013 年老朋友俱乐部在和谐雅园为杰尼索夫大使举行欢迎宴会

主任先后被聘请为老朋友俱乐部荣誉会员，杰尼索夫代表俱乐部颁发证书。

我们在南小街外交公馆（宋庆龄故居）、雅宝路俄罗斯餐厅等地举行老朋友俱乐部扩大会议，邀请俄罗斯朋友出席。有时也请家属参加，气氛和谐。

2017 年，老朋友俱乐部积极分子瓦洛佳病重期间，托人从莫斯科捎来信函。他在告别信中动情地说："我怀着极大的愉悦和感激之情，追忆咱们一起度过的'电影渠道''桑拿外交'和'老朋友俱乐部'的那段时光。正是这些活动，有助于促进克服我们两国不正常关系时期的那些荒唐成见，增进了相互理解。在最终实现苏中关系正常化的过程中，确实也有我们俱乐部所有成员的一份功劳。"

当惊悉瓦洛佳不幸病逝，老朋友们无不悲痛不已，纷纷致电表达哀思，赞扬他为人谦虚、热情，真心希望中俄关系改善和发展。老朋友聚会时我们佩戴的俱乐部徽章就是瓦洛佳精心设计制作的，背景图案是中俄两国外交部大楼。

传承世代友好理念

2016 年老朋友俱乐部创建十周年之际，在两国外交部的大力支持下成立了中俄友好、和平与发展委员会老朋友理事会，其宗旨是传承世代友好理念，促进民间交流合作。双方各有十多位成员，都是数十年来相互信任、风雨同舟的老朋友。

我们不仅每年定期聚会畅谈友谊，而且继续以各种方式，包括讲座研讨、建言献策、时评发声、著书立说，并尝试利用新媒体平台满腔热忱地为新时代中俄关系传递正能量。针对西方媒体刻意"妖魔化"俄罗斯，我们结合 40 多年外交生涯中的亲历亲闻，撰写《怎样看独特的俄罗斯》系列文章并转发公众号、微信朋友圈，受到好评点赞。我

★ 2017 年中俄老朋友在钓鱼台国宾馆聚会

们还在每年末中俄友好、和平与发展委员会大会上，汇报当年中俄老朋友理事会的工作情况及下一年度的工作规划。

自2014年以来，我们创纪录地三次修订再版《中国和俄罗斯的故事》中、俄文版。王毅国务委员兼外长和谢·拉夫罗夫外长为文集作序，指出：中俄关系迎来今天这样的大好局面，离不开两国几代人的不懈努力，作者们做出了重大贡献。希望中俄两国的广大读者，特别是青年朋友们能从本书中深切体会到中俄世代友好的珍贵，肩负起薪火相传的历史使命，携手努力，共同创造两国关系更加美好的未来。

戴秉国同志特为《中国和俄罗斯的故事》题词"薪火相传，世代友好"，这八个字正是中俄双方老朋友矢志不渝的共同初衷和使命。

2022年，我们协同央视总台俄语部拍摄制作中俄老朋友世代友好的故事《友谊与智慧》纪录片。在新冠疫情肆虐期间，我们克服困难，安排采访了中俄老朋友理事会顾问田曾佩副部长、俄中老朋友理事会主席杰尼索夫大使及莫斯科老朋友等双方十多位资深外交官。他们结合"凉热两重天"的亲身经历，生动讲述数十年来中苏、中俄关系演变发展的历史及双方交往中相互理解、相互补台的难忘故事，还披露了不少鲜为人知的细节花絮，期待对我们双方尤其年轻一代多少会有所裨益！

大使回忆传友谊

2023年9月13日，来京出差的俄中老朋友理事会成员阿法纳西耶夫大使邀请张德广和我到宝格丽酒店意大利餐厅聚会。俄罗斯驻华大使莫尔古洛夫和原中国驻俄罗斯大使李辉也一起出席。

有着数十年交情的双方老朋友见面相互拥抱，格外亲切。我代表老朋友俱乐部向阿法（新起的中文名）授予俱乐部纪念章，并赠送老朋友理事会编撰出版的《世代友好》纪念文集等礼包。阿法也向我们三位老朋友赠送俄罗斯传统工艺品。在一旁的莫大使对我说，他还保

★ 1996年，张德广、周晓沛夫妇到阿法家做客（左1为小安德烈），女主人奥莉娅拍摄留念

存着这枚俱乐部纪念章。记得那是2016年，他时任副外长来京出差，我们在俄罗斯使馆见面时授予的，感谢其帮助提供拉夫罗夫外长为《中国和俄罗斯的故事》一书再版所作序言。

阿法为俄罗斯外交部原一亚局局长，曾任干部司司长和驻韩国、日本大使。上世纪80年代后期在华盛顿工作时他与张德广结识，90年代中我在莫斯科工作时相交。1996年时任副部长张德广来莫斯出差时，我们还一起去阿法家做客。二十多年没见面了，但我们相互之间的友谊一直延续至今。

老朋友虽已七老八十了，但都还老健，谈笑风生，仿佛又回到往昔的峥嵘岁月，深情地追忆了近半个世纪来双方友好交往中的难忘经历及趣闻轶事。从"电影渠道"悄悄传递信息，"桑拿外交"没有公开的秘密，到携手创建促进世代友好的 "老朋友俱乐部"，以及邀请俄罗斯老朋友代表团访问中国，包括国际上的一些热点问题……话题一个接着一个，聊得十分惬意开心。

在温馨的氛围中，阿法说：来京前已与杰尼索夫大使商量过，建议在明年中华人民共和国成立75周年暨俄中建交75周年之际，双方各推荐若干位资深大使撰文，共同编辑出版《послы вспоминают》（大使回忆）一书。先在俄罗斯出俄文版，并考虑在中国出中文版，其宗旨是以我们亲身经历的生动故事及友谊与智慧，向年轻人传承俄中两国人民世代友好的和平理念，共同为加强新时代俄中全面战略协作伙伴关系尽绵薄之力。在座的老朋友都举双手赞成，并表态将参与写作。莫大使说，他积极支持，但不一定写了。我立马说："Без Вас никак!"（非你莫属呀）他也点头同意了。

经友好协商，莫大使爽快地表示，他赞同在俄罗斯使馆举行中俄老朋友理事会与央视总台俄语部合作拍摄的纪录片《友谊与智慧》电

★ 2023年9月，"новатэк"副总裁（左1）和中俄老朋友在北京聚会

影招待会，并称赞"这部片子拍得很好"。

要知道，40多年前双方外交官就是在使馆这个电影厅里观看苏联故事片时，萌发了以借放苏联影片之名进行非正式接触的奇思妙想。在新时代中俄全面战略协作伙伴关系稳步前行的大背景下，双方老朋友再次到这个熟悉的电影厅观赏回味传承世代友好的经典故事，无疑具有特殊的历史意义！

令人振奋的是，这次聚会后，在中俄友好、和平与发展委员会秘书处和俄罗斯驻华大使馆及新华出版社、"НОВАТЭК"的积极支持下，《大使回忆》合作项目即刻正式启动。年逾古稀的老朋友都"撸起袖子加油干"，踊跃选题并着手动笔，小安德烈（阿法纳西耶夫之子）则奉长辈之命担纲起协调员的重任，连夜起草了项目实施具体方案并获通过。

鉴于时间紧迫，中俄双方20位作者都在抓紧对接落实，争取同步、优质、如期打造这部精品之作，向"两个伟大的75周年"献上一份厚礼！

李辉，1953 年 2 月生，黑龙江省人。北京外国语学院俄语系毕业。

1975 年进入外交部苏联东欧司工作。先后任苏联东欧司副处长，东欧中亚司参赞、副司长，驻哈萨克斯坦共和国特命全权大使，东欧中亚司司长，外交部部长助理、副部长。2009 年至 2019 年任中国驻俄罗斯联邦特命全权大使。

现任中国政府欧亚事务特别代表。

忆中俄独特的元首外交

李 辉

（中国政府欧亚事务特别代表，原驻俄罗斯大使）

我于2009年8月至2019年8月担任驻俄罗斯大使。在这10年里，我经历了中俄关系中加速发展的"黄金时期"，同时也度过了我个人外交生涯的"黄金十年"。作为大使有幸见证中俄关系10年来的提质升级，并在其中做出自己的一份努力，何其幸福！

中国和俄罗斯是两个伟大的国家，都有着悠久的历史和灿烂的文化，并在各自发展的历史长河中，都曾经历过千百次命运的洗礼和考验。两国既有相近的传统、文化、价值观，也有不同的国情、民情和思维方式。大自然让中俄两国毗邻而居，并给中俄两国赋予了神圣的使命，那就是这两个比邻大国，必须要以礼相待、和睦相处、携手并进，为维护本地区和全人类的和平与安全做出自己的贡献。

1996年，中俄建立平等信任、面向21世纪的"战略协作伙伴关系"。2001年，双方签署《中俄睦邻友好合作条约》。在我任驻俄大使第3个年头，也就是2011年，两国元首将中俄关系提升为"平等信任、相互支持、共同繁荣、世代友好的全面战略协作伙伴关系"，这一年又恰逢《中俄睦邻友好合作条约》签署10周年。

现在，中俄关系正处于历史发展最好时期。两国高层交往频繁，政治互信不断深化，双边贸易额持续攀升，人文交流异彩纷呈。作为

★ 2019 年普京总统向李辉大使授予友谊勋章

驻俄大使，我深切感受到习近平主席和普京总统从国际战略高度和各自国家长远发展的角度，高度重视发展中俄关系，以国际大战略家和政治家的视野和魄力不断推动两国关系持续深入发展。

元首引领，开启双边关系新时代

以 2013 年 3 月习近平主席首次作为国家元首对俄进行国事访问为开端，到 2023 年 3 月习近平主席在党的二十大之后再次来到莫斯科，二人会晤高达 40 多次。其中，既有按惯例的双边互访，也有在出席重大国际组织会议时展开的双边会晤，更有专程赴对方国家出席大型活动的做法。这 10 年里，习近平主席 9 次到访俄罗斯，普京总统也是 9 次踏上中国的土地，两国元首像"走亲戚"一样常来常往，建立了密切的工作关系和深厚的个人友谊，共同引领和规划两国关系发展。这种高水平、高频率、高质量的元首外交，在大国交往当中绝无仅有，不仅显示了双方对发展中俄全面战略协作伙伴关系的高度重视，而且有力推动中俄双边关系迈入历史最好时期。正如习近平主席 2023 年 3 月 20 日在《俄罗斯报》发表的署名文章中说的那样："10 年前，我当选中国国家主席后，俄罗斯是我访问的首个国家。10 年来，我 8 次到访俄罗斯，每次都是乘兴而来，满载而归。"

作为驻俄大使，我有幸参与了习近平主席和普京总统的互访活动，亲身经历了中俄关系的一些重要时刻，感受到了双方对彼此的高规格接待和特殊安排，见证了两国元首与日俱增的个人友谊以及在两国元首战略引领下的中俄关系飞速发展。至今仍清晰记得，两国元首 2013 年 3 月会晤达成的一个最重要的共识——要把中俄高水平的政治关系优势转化为各领域合作的实际成果，这已成为中俄关系长期健康稳定发展的指针。

10 年来，中俄两国高层交往异常频繁，不仅形成了元首年度互访的惯例，还建有总理定期会晤、议会合作委员会以及能源、投资、经贸、人文、地方、执法安全、战略安全等完备的各级别合作机制，以及"长江—伏尔加河""东北—远东"两大区域性合作机制，双方缔结了多对友好省州和友城，目前这一数量已累计达到 157 对。此外，双方还搭建起中俄博览会、中俄地方合作论坛，以及两国举行的主场论坛、博览会等合作平台。

守正创新，打造元首外交新亮点

除了见面频率高，习近平主席和普京总统还创造了中俄两国元首交往之中的多个"首次"。2013 年 3 月，习近平总书记当选中国国家主席后，普京总统是与习近平主席通话的首位外国元首，俄罗斯也成为习近平主席出访的首个国家。克里姆林宫内举行了隆重的欢迎仪式，俄方首次动用骑兵仪仗队在克里姆林宫院内迎接习近平主席的车队。俄国防部作战指挥中心第一次为外国元首——习近平主席打开大门。

2018 年，普京开启新一届总统任期，同样选择中国作为首个国事访问国家。2023 年 3 月，习近平主席在党的二十大之后再次来到莫斯科。由此可以看出，中俄两国均把对方作为各自对外政策的优先方向。

2014 年新春伊始，习近平主席应普京总统邀请赴索契出席第 22 届冬季奥林匹克运动会开幕式，开创了中国国家元首赴境外出席大型国际体育赛事的先河。在与普京总统会见时，习近平主席说："中俄是好邻居、好伙伴、好朋友。按照中国人的习俗，邻居家办喜事，我当然要专程来当面向你贺喜，同俄罗斯人民分享喜庆。"

2017 年 7 月，习近平主席访问莫斯科期间，普京总统在克里姆林宫向习近平主席授予了俄国家最高勋章"圣安德烈"勋章。2018 年 6 月，习近平主席在人民大会堂向普京总统授予了中国首枚"友谊勋章"。两国元首是当前高水平中俄关系的缔造者、推动者和引领者，为中俄世代友好作出了重要贡献，获得这两枚勋章当之无愧，实至名归。两国元首还首次共同乘坐高铁前往天津观看了中俄青少年冰球友谊赛，又开创了两国元首交往的先河。普京是第一个明确表态要出席北京冬奥会开幕式的外国元首，也是唯一一位受邀观摩的联合国安理会常任理事国领导人。

心系民生，共谋中俄经济新发展

习近平主席指出："无论国际和地区形势怎么变，努力实现两国共同发展振兴的目标不会变。"2009 年，我就任驻俄大使时，中俄双边贸易额为 388 亿美元，2019 年达到 1107.57 亿美元，虽受到国际大环境的一定影响，但仍实现了"逆势上扬"。目前，中国已连续 13 年成为俄第一大贸易伙伴国。"我们有充分的理由相信，我曾同习近平主席设定将贸易额提高到 2000 亿美元的目标将于今年实现，而不是 2024 年。"普京总统 2023 年 3 月在《人民日报》发表的署名文章中这样提到。

2023 年 3 月 1 日，莫斯科市地铁大环线实现全线开通运营，这是俄最大的地铁建设项目，其中，中国铁建股份有限公司承建西南段项目；2022 年 4 月和 11 月，中俄同江—下列宁斯阔耶铁路界河桥、黑河—布拉戈维申斯克公路桥分别开通运营，结束了两国间通过冰路或浮桥运输的历史，必将推动中国东北地区与俄远东地区互利合作。至今我还清晰记得 2014 年 2 月 26 日我作为驻俄大使在俄犹太自治州下列宁斯阔耶镇跨过黑龙江到同江市出席铁路界河桥奠基仪式的情景。此外，两国元首关心的中国贸易中心"华铭园"、中俄原油管道二线工程、中俄东线天然气管道、"滨海 1 号""滨海 2 号"陆海联运国际交通走廊、中蒙俄经济走廊、中欧班列等项目或已建成、或正推进……

两国之间的经济合作潜能正在不断释放，两国人民正因此而不断获益。尤其是"一带一路"倡议与欧亚经济联盟建设深度契合，两国元首于 2015 年 5 月共同签署了"一带一路"建设同欧亚经济联盟建设对接合作的联合声明，从战略高度为两国关系发展作出新规划。普京总统出席了首届、第二届和第三届"一带一路"国际合作高峰论坛。可以说，上述对接合作已取得早期收获，在能源、核能、航空航天等领域大项目合作驶入快车道。中俄多个城市之间已开通直飞航班，中国电信、联通、移动三大电信运营商均进入俄市场。双方还积极挖掘农产品贸易、服务贸易、跨境电商、北极开发、高技术合作等领域新的增长点。

相互支持，充实战略协作新内涵

2015 年是中国人民抗日战争暨世界反法西斯战争胜利 70 周年，也是俄罗斯卫国战争胜利 70 周年。为纪念这一重要的历史时刻，两国元首分赴对方国家出席"5·9"和"9·3"庆典活动，进一步彰显了中俄共同维护二战胜利成果和以联合国为核心的战后国际秩序的坚定决心，为人类和平与进步事业注入了满满的正能量。

2017 年 5 月和 2019 年 4 月，普京总统应习近平主席邀请来北京出席首届和第二届"一带一路"国际合作高峰论坛，明确表示俄方支持并愿积极对接"一带一路"建设，释放中俄共同推动建设开放型世界经济的积极信号。2018 年 9 月和 2019 年 6 月，习近平主席专程赴俄远东的符拉迪沃斯托克市和圣彼得堡市分别出席第四届东方经济论坛和第二十三届圣彼得堡国际经济论坛，同普京总统共商区域发展大计，为区域合作和两国地方合作开辟了新前景。2023 年金秋十月，普京总统再次应习近平主席邀请来北京出席第三届"一带一路"国际合作高峰论坛。

此外，习近平主席应邀出席了在俄圣彼得堡市举行的二十国集团领导人第八次峰会、在乌法市举行的金砖国家领导人第七次会晤；普京总统出席了在上海市举行的第四次亚信峰会、杭州市举行的二十国集团领导人第十一次峰会、在厦门市举行的金砖国家领导人第九次会晤以及在青岛市举行的上海合作组织峰会等。

真情厚意，续写元首友谊新篇章

10 年来，两国元首之间不仅形成了工作上的默契，还收获了沉甸甸的友谊。2013 年，普京总统在印尼巴厘岛出席亚太经合组织（APEC）峰会时，恰逢迎来自己 61 岁生日，习近平主席向普京总统亲手赠送生日蛋糕。普京总统说："自己与中国伙伴们共同庆祝了生日，不仅共举杯饮酒，还品尝了生日蛋糕，气氛十分温暖，像朋友一样。"2014 年亚太经合组织（APEC）会议期间，普京总统向习近平主席赠送 YotaPhone 手机。2015 年，两国元首分赴对方国家出席纪念世界反法西斯战争胜利 70 周年暨中国人民抗日战争和俄罗斯卫国战争胜利 70 周年活动。红场庆典上，普京总统右手边最尊贵的位置留给习近平主席，中国人民解放军三军仪仗队也被安排在外国方阵最后压轴出场。天安门广场上，习近平主席同普京总统共同登上天安门城楼，俄军作为压轴登场。

习近平主席和普京总统对彼此的称呼特别亲切、真挚、友好，这是两位元首间深厚个人友谊的又一体现。习近平主席经常称普京总统为"我的老朋友、好朋友"；普京总统则称习近平主席为"我的好朋友、可靠的伙伴"。令人印象深刻的是，2017年普京总统向来访的习近平主席授予俄国家最高奖章"圣安德烈"勋章时，他这样说道："我非常荣幸地将俄罗斯国家最高奖章'圣安德烈'勋章授予我们最伟大的朋友，授予中华人民共和国国家主席习近平。"习近平主席在授予普京总统中国首枚"友谊勋章"时是这么称呼普京总统——"普京总统是我最好的知心朋友。"

2018年，继普京总统在习近平主席陪同下制作天津煎饼和包子后，两国元首三个月后又在第四届东方经济论坛期间散步在海滨之畔，一起制作起俄罗斯的小薄饼，一起品尝俄罗斯的蜂蜜和鱼子酱。2019年，圣彼得堡国际经济论坛全会后，习近平主席和普京总统一直谈到夜里12点多，仍意犹未尽。2023年，习近平主席访俄的第一场活动便是出席普京总统为其举行的私人晚宴。两国元首一对一深谈3个半小时，并在深夜寒风中依依话别……

责任担当，共建国际政治新秩序

70多年前，世界反法西斯战争的胜利改写了世界格局。作为亚洲和欧洲战场上牺牲最多、贡献最大的国家，中俄深知和平的宝贵。两国坚守《中俄睦邻友好合作条约》，有着不容撼动的底线，维护《联合国宪章》宗旨和原则，维护国际法和国际关系基本准则。两国倡导建立以合作共赢为核心的新型国际关系，坚决维护联合国核心地位，呼吁各方通过和平方式解决叙利亚危机、朝鲜半岛核问题等国际和地区热点问题。双方在二十国集团、亚太经合、金砖、上海合作组织、亚信、中俄印等机制内广泛开展合作，为维护世界和地区和平、稳定

与发展做出了重要贡献。

中俄两国元首无论在双边还是多边场合均签署多个文件，共同提出全球治理的"中俄方案"。2013年，双方签署《中俄关于合作共赢、深化全面战略协作伙伴关系的联合声明》。2014年，签署《中俄关于全面战略协作伙伴关系新阶段的联合声明》。2015年，签署《关于丝绸之路经济带建设与欧亚经济联盟建设对接合作的联合声明》和《中俄关于深化全面战略协作伙伴关系、倡导合作共赢的联合声明》。2016年，双方隆重庆祝《中俄睦邻友好合作条约》签署15周年，共同签署并发表《关于加强全球战略稳定的联合声明》《关于协作推进信息网络空间发展的联合声明》和《中华人民共和国和俄罗斯联邦联合声明》。2017年，签署《中俄关于进一步深化全面战略协作伙伴关系的联合声明》《中俄关于当前世界形势和重大国际问题的联合声明》，批准《〈中俄睦邻友好合作条约〉实施纲要（2017年至2020年）》。2018年，签署《中华人民共和国和俄罗斯联邦联合声明》。2019年，签署《中华人民共和国和俄罗斯联邦关于发展新时代全面战略协作伙伴关系的联合声明》《中华人民共和国和俄罗斯联邦关于加强当代全球战略稳定的联合声明》。2023年，签署《中华人民共和国和俄罗斯联邦关于深化新时代全面战略协作伙伴关系的联合声明》。

着眼未来，培养中俄事业新力量

习近平主席和普京总统高度重视推动中俄两国的睦邻友好关系，注重两国青少年交流，着力培养中俄友好事业的接班人，使中俄世代友好的种子代代相传。

2013年习近平主席访俄期间，在莫斯科国际关系学院发表了题为《顺应时代前进潮流　促进世界和平发展》的重要演讲。此次演讲中，习近平主席不仅精准分析了当前的国际形势，还讲述了新时期中俄友谊的感人故事。他称青年是国家的未来，是世界的未来，也是中俄友好事业的未来，期待越来越多的中俄青年接过中俄友谊的接力棒，积极投身两国人民友好事业。两国元首宣布于2014年和2015年互办"中俄青年友好交流年"。

在天津共同观看中俄青少年冰球友谊赛时，习近平主席对普京总统说："中俄两国青少年的比赛令人振奋，从中也看到了两国青少年的友谊。两国青少年要加强交流，使中俄睦邻友好世代相传。"普京总统表示，希望这样的青少年冰球运动能成为俄中两国友谊的新纽带。两位领导人同小球员们合影、亲切交谈，勉励他们通过学习交流成为好朋友、好伙伴，做中俄友好事业的接班人。

在2018年9月第四届东方经济论坛期间，习近平主席同普京总统一起访问了"海洋"全俄儿童中心，看望曾经在这里疗养的四川地震灾区学生代表以及当年抚育他们的俄罗斯老师和同学。习近平主席的讲话"希望两国青少年一代加强交流，互鉴共进，齐心协力，做中俄友好事业接班人，让中俄世代友好的伟大事业薪火相传、生生不息"激起长时间而热烈的掌声。普京总统也认为，两国青少年友好交流将为两国关系奠定更加坚实基础，对俄中关系未来非常重要。希望俄中青少年一代能把两国人民深厚传统友谊传承下去，发扬光大。在两国元首的见证下，中俄青年共同宣读了《中俄青少年世代友好宣言》。

这10年，难忘的瞬间太多。其中，元首引领已成为中俄外交最独具的特色和魅力。一次次友好访问、一场场会谈会见、一份份文件签署，还有一次次电话沟通、一封封书信往来、一次次视频连线、一场场"云端"演讲，两国元首用心经营着中俄世代友好的伟大事业，拉紧了中俄务实合作与战略协作的纽带，为中俄关系持续健康稳定发展指明了前进方向。追忆中俄元首外交的一举一动，深切感受到两国元首为各自民族复兴、国家富强、人民幸福所持有的家国情怀与领袖风范。我愿在中国政府欧亚事务特别代表的岗位上继续为中俄友好事业发光发热。

　　傅全章，1939 年生于湖北省仙桃市。1965 年毕业于北京外国语学院俄语专业，同年分配到外交部苏联东欧司。先后历任二秘、一秘，国务院外办处长、驻俄罗斯使馆参赞、欧亚司参赞并司领导成员。1998—2001 年出任中国驻塔吉克斯坦共和国大使。

　　2003 年，傅全章大使代表欧亚司参与了编写钱其琛《外交十记》书稿的"中苏关系正常化"一记。

外交博弈的精彩瞬间

傅全章
（中国外交部欧亚司原参赞，原驻塔吉克斯坦大使）

周晓沛
（中国外交部外交政策咨询委员，中俄友好、和平与发展委员会老朋友理事会主席）

　　钱其琛同志是中国外交战线的杰出领导人。他曾长期担任外交部领导，其沉稳的外交风格及刚柔兼济的谈判艺术成为新中国外交的宝贵财富。我们这些曾有幸长期在他手下工作的晚辈，也一直深受教育和感染。

　　下面仅就他多年主管对苏联、俄罗斯外交的一个侧面，展现其独特外交风格的精彩瞬间。

首次亮相惊世界

　　那是 1982 年 3 月 26 日，钱其琛作为外交部新闻司司长创造发言人制度的第一人展现在外交舞台。他身着灰色中山装，出现在外交部主楼大厅，周围簇拥着二三十位中外记者。他镇定自若，显露应对重大事件的自信与从容。作为外交部首位新闻发言人，就苏联领导人关于中苏关系的谈话发布了只有三句话的简短声明：

　　"我们注意到了 3 月 24 日苏联勃列日涅夫主席在塔什干发表了关于中苏关系的讲话。我们坚决拒绝讲话中对中国的攻击。在中苏两国

★ 1982年3月26日，钱其琛在外交部举行首次新闻发布会

关系和国际事务中，我们重视的是苏联的实际行动。"

　　这个没有先例的三句话的简短声明，立即引起在京中外记者的极大关注。第二天《人民日报》头版发表了这一声明，全世界为之震动，特别是西方预感到对抗了二十多年的中苏关系将发生变化，世界局势将为之改观。

　　苏方更是敏锐地抓住了声明中的"注意"和"重视"四字所传递的富含深意的信息，对中方趁热打铁派出苏欧司司长秘密访问莫斯科的举动给予格外重视。经过两次接触，双方均表达了改善关系的良好愿望。但光是愿望不够，中方强调解决一两个重要问题，如先从苏联劝说越南从柬埔寨撤军做起，然后解决从蒙古撤军以及合理解决阿富汗问题。在作为正式答复的备忘录中，苏方表示愿在任何时间、任何地点、任何级别上同中方讨论苏中双边关系问题，以便"消除关系正常化的障碍"。这与中方提法是相吻合的，说明苏方对我方信息的反应是积极的。这为双方进一步接触创造了条件，于是商定由副部长级特使就两国关系正常化问题举行政治磋商。

回过头来看，钱其琛的首次新闻发布会具有重要意义，中苏全面对抗的紧张关系由此骤然刹车，成为两国关系走向缓和改善的开端，也成就他迈向世界外交舞台的起点。

棋逢对手赛韧劲

中苏两国政府特使首次政治磋商于 1982 年 10 月在北京举行。中方特使钱其琛副部长的对手是苏联外交界的谈判高手伊利切夫副部长。钱其琛在回忆录中称，"对我来说，这是一次重要而又极富挑战性的使命。"

双方首次交锋就是针尖对麦芒。在谈判中，钱其琛充分展示了外交智慧。双方主要讨论克服影响中苏关系正常化的"三大障碍"问题，

★ 1982 年 10 月，中苏双方在北京举行两国关系正常化的第一轮政治磋商

中方抓住消除"三大障碍"不放，而苏方则指责中方提出消除障碍是为磋商设置"先决条件"。钱其琛反驳说，如果事先确定哪些问题可以讨论，另外一些问题不能讨论，这在客观上等于设置了先决条件。而对所有问题进行无拘束的讨论，正是没有先决条件的表现。不解决"三大障碍"，就想改善中苏关系，那完全是痴心妄想，并将苏方的主张比喻为"水中月""镜中花"。我们还强调，让越南从柬埔寨撤军问题是改善中苏关系的关键。苏方声称，中方找错了对象，应找越南谈，柬埔寨问题与苏联没有任何关系。钱其琛回应道，"解铃还须系铃人"，正是因为有苏联的支持撑腰，越南才敢于侵柬反华。苏方提出，苏中关系正常化不应损害"第三国利益"。钱其琛则表示，我们提出来讨论的问题，不是有损而是有利于苏方所谓的"第三国利益"。而且，作为一个原则，应该不损害"所有第三国利益"。围绕"第三国"等问题，双方都振振有词，相互扯皮，不知论战了多少个回合，谁也说服不了谁，被称为"聋子对话"。

不过，与昔日火药味十足的中苏边界谈判有所不同，虽然针锋相对，但并未红脸吵架。钱其琛并非疾言厉色，而是晓之以理，针对对手辩词抽丝剥茧、有理有据地娓娓道来。伊利切夫不为所动，也巧言善辩，谈判陷入僵局。于是，又另辟蹊径，这便有了组织两国政府代表团成员游览密云水库的外交活动。

这天秋高气爽，风和日丽，观千顷碧波，看鸢飞鱼跃，心情放松地品茗聊天。钱其琛以润物细无声的方式向伊利切夫阐释我方立场的新意所在，如在减少中苏边境地区武装力量上是双方承担义务，在苏联从蒙古撤军方面是寻找各方都能接受的解决办法，特别是要求苏促越从柬撤军并不涉及苏越双边关系，而且苏联也从此摆脱沉重负担。尽管对手当时并没接受我方意见，但为其后转圜无疑起了某种铺垫作用。

钱其琛对这种外交方式有这样的总结：在外交斗争中，有些话必须在正式场合说，有些话却可以下面说。正式场合讲的正式的话未必重要，而非正式场合讲的非正式的话未必不重要。正式场合过于严肃，下面则可以宽松客气一些，有些信息虽不入记录，却可以借机传递给对方。这体现的是智慧与韧劲的力量，是灵活外交的生动范例。

中苏政府特使的首轮政治磋商是一场互相摸底的前哨战。这次磋商虽未取得进展，但启动了两国关系缓慢正常化进程，标志着两国关系将由长期紧张转向长期对话。

德艺双馨开新局

中苏第二轮政治磋商于 1982 年 3 月在莫斯科举行。会谈中，双方在探寻两国关系正常化方面依然各说各的，谈得十分艰难。

为了尽地主之谊，同时也给代表团放松一下身心的机会，我驻苏大使杨守正拟宴请代表团，结果被婉拒，使馆送去的当地纪念品亦被退回（我们这些老部下当年在驻外使馆担任领导接待老首长时也遇到同样情况）。使馆改而向代表团下榻宾馆送去饺子和凉菜以调剂多日吃西餐的口味，团长则再三嘱咐不上茅台，后来改送俄制风味的大众饮料格瓦斯受到称许。钱其琛对部下要求严格，自己也以身作则，从不搞特殊化，成为外交战线上廉洁奉公的榜样。

紧接着映入我们眼帘的是一场精彩外交博弈，这就是钱其琛与苏联外长葛罗米柯的会见。以"不先生"著称的外交元老葛罗米柯，接过我方反霸和消除威胁的观点，说此点可作为两国关系正常化的重要基础，并声称中国完全可以从美国推行消灭社会主义的对外政策中得出应该同苏联还是同美国建立何种关系的结论。钱其琛则冷静、机智地回应道：说到国际紧张局势，这是客观存在。我想在这种形势下改善中苏关系不仅符合中苏两国人民利益，也符合亚洲和世界和平的利益。至于说到美国，中华人民共和国成立后同美国进行过长期的较量，我们比其他任何人都更有资格讲话，知道如何同美国打交道。这场两

★ 1983年在莫斯科举行第二轮磋商，中方代表团在苏联国宾馆前合影留念。前排自左至右为吴筱秋、钱其琛、杨守正、李凤林、张大可、王凤祥；后排为戴秉国、李景贤、雷荫成、周晓沛

个外交巨人的角力发生在中苏美三边关系酝酿巨大变化的前夕，值得历史谨记。

此后，中苏两国政府特使政治磋商每年两次，分别在北京和莫斯科轮流举行。这是一场自说自话、不折不扣的文斗。不过，正如钱其琛所说，"扯皮也有扯皮的意义"，"不断扯皮比互不往来要好"。政治磋商为彼此交换意见提供了一个正式渠道，客观上推动了中苏关系缓和转暖的进程。两国的经贸增加了，其他方面的交往也增多了，开始交换留学生、组团互访，迎来了中苏两国关系小阳春般的新局面。现任哈萨克斯坦总统托卡耶夫和俄罗斯驻华大使莫尔古洛夫就是1983年秋开始恢复互派10名留学生中的成员。1984年中国人民老朋友阿尔希波夫成功访华，成为中苏关系解冻改善的"第一只春燕"。

钱部长曾讲过：外交斗争不硬是不行的，但不适时地转弯也不行；应该有张有弛，有斗争、有妥协两手。他告诫代表团成员，在这场长达数年的马拉松谈判中，关键就在于坚持、再坚持的努力之中。接下来的事态发展，证明了他富有远见的判断。

智慧与意志的较量

1986年7月28日，苏共中央总书记戈尔巴乔夫在海参崴发表讲话，在消除"三大障碍"问题上首次做出实际松动。钱部长当即指示要做出正面回应，并提出恢复已中断9年的两国边界谈判的建议。苏方也积极迎合。从1986年10月举行的第九轮磋商开始，苏方不再回避讨论柬埔寨问题。经过多轮磋商，双方就公正合理解决这一难题达成内部谅解，为两国关系正常化迈出了重要一步。

1988年12月，钱其琛应谢瓦尔德纳泽外长邀请对苏联进行正式

★ 1988年12月1日，钱其琛和谢瓦尔德纳泽在国宾馆友好会见

访问。这是三十多年来中国外长首次访苏，主要任务是为中苏高级会晤做准备。

抵达当天，双方就进行了紧张的会谈，主要还是围绕柬埔寨问题。中方主张，在双方已达成的内部谅解基础上，明确越南从柬埔寨撤军的时间表，形成《共同记录》。我方强调，越南军队应在 1989 年 6 月底以前从柬埔寨全部撤出，中苏双方应有一致的主张并促其实现。苏方表示，希望尽早解决柬埔寨问题，越南应尽早全部撤军，但不愿明确承诺促越撤军的期限。双方在撤军时间表问题上卡住了，如不能在这一关键问题上取得突破，邀请戈尔巴乔夫访华就成了问题。第二天就要会见戈尔巴乔夫，怎么办？当天，大家都很着急，睡得很晚。天亮后，钱部长与戴秉国、李肇星两位司长一起，冒着凛冽的寒风，在宾馆院子里一边散步，一边商谈如何走出这一僵局的对策。中国外交官自觉遵守一个不成文的规矩，就是一般不在外方的室内讨论工作事宜。这便是《外交十记》中"无法运筹于帷幄，只能策划在穹庐"这句经典的出处。

早餐时，代表团成员都在一楼中间的餐厅里吃饭。就在餐桌上，钱部长拿出苏方提交的共同记录草案，当场在上面作了修改。然后交给戴司长，说马上找苏方谈，尽量按此达成协议。经过一番讨价还价，双方终于在撤军时间表问题上达成一致，即"中苏双方希望，越南军队在尽可能短的时间内，例如在 1989 年下半年，最迟在 1989 年年底之前从柬埔寨全部撤出。"这正是钱部长彻夜想出的折中方案。

在克里姆林宫会见戈尔巴乔夫时，双方的情绪都很轻松。在谈到两国关系时，戈氏主动表示，在已经过去的某个时期，苏联也有一定过错和责任。这是继斯大林之后，苏联领导人再次向中方承认错误。关于中苏高级会晤，戈尔巴乔夫说，考虑到各种情况，他准备到北京去。钱外长表示，中国领导人欢迎他于 1989 年访华，并表示，对于两国关系，中方主张着眼于未来，不纠缠历史的旧账，向前看，探讨建立新的关系。这样，期待已久的中苏高级会晤终于谈定，访问的主要任务业已完成。

1989年2月，苏联外长谢瓦尔德纳泽应邀对中国进行回访，为中苏高级会晤做最后准备。双方先在北京会谈，进展较为顺利。谢瓦尔德纳泽建议，在双方已达成的关于柬埔寨问题《共同记录》基础上公开发表一项声明，表达两国在政治解决柬埔寨问题上的一致主张，钱部长表示赞同。同时，双方谈定了举行高级会晤的具体时间。

因小平同志当时在上海，双方代表团移师南下，以便安排接见。在宾馆里，双方磋商关于柬埔寨问题共同声明的内容，一直谈到半夜，还是达不成协议。苏方突然变卦，声称不同意发表有关声明。深夜，钱部长召集开会并当场决定：次日早餐前通知苏方，鉴于双方分歧较大，同意暂不发表关于柬埔寨问题的共同声明，同时也先不公布5月中旬举行高级会晤的日期。中方的强硬反应出乎苏方的意料，通知时双方都没握手，可谓不欢而散。在返回北京的专机上，两位外长指示双方主管司长在机舱后面的座位上继续商谈，最后还是未谈拢。

在机场贵宾室话别时，钱其琛肯定此访是成功的，同时严肃指出不能出尔反尔，在晓以利害后建议就未了问题继续商谈。在外交界素有"银狐"之称的谢瓦尔德纳泽，作为超级大国的外长自然不是一般角色，当场决定让基里耶夫司长留下来接着谈。

钱部长授权戴司长在我方草案基础上尽快与苏方达成协议。当时他就在外交部三楼的办公室坐镇等候，两位司长则在一楼会客室商谈。经过两个回合的商议，最终达成一致。戴秉国在《战略对话》回忆录中这样记载：记得当时我们是在外交部东四旧址的会客室会见并最终谈定的。会见一结束，我就赶紧把消息传给新华社。这个时候，正好是1989年农历新年除夕。刚一走出外交部大楼，就听到辞旧迎新的鞭炮声此起彼伏，天空中闪耀着异彩纷呈的贺岁烟火。

共写历史新篇章

1989 年 5 月 15 日至 18 日苏共中央总书记、苏联最高苏维埃主席团主席戈尔巴乔夫应邀如期访问中国。5 月 16 日，小平同志在钱其琛陪同下在人民大会堂东大厅同戈尔巴乔夫举行了历史性会晤。这是两国人民期盼已久的重要时刻。

近 40 年来，中苏两国关系历经风风雨雨乃至"血与火"的考验，充满了曲折坎坷和戏剧性变化。钱其琛作为中国政府外交代表，坚决执行中央指示，无论是参加磋商、谈判，还是会见、高访，他都率先垂范，既敢于斗争、又善于斗争，破解了无数的难题，迈过了一道道激流险滩，终于迎来这历史性的一天。

小平同志高屋建瓴提出"结束过去、开辟未来"的八个字作为中苏高级会晤的主题，思想深邃、语言简明，也得到苏方的理解，保证了会晤的圆满成功。"结束过去"，干净利落，将两国历史旧账，几

★ 1989 年 5 月 16 日，邓小平与戈尔巴乔夫历史性握手

十年的恩恩怨怨，说清楚了就此了结；"开辟未来"，双方登高望远，着眼未来，携手共建结伴不结盟的新型大国关系。关于意识形态的那些争论问题，小平同志指出：经过20多年实践，回过头来看，双方都讲了许多空话。马克思去世以后一百多年，究竟发生了什么变化，在变化的条件下，如何认识和发展马克思主义，没有搞清楚。必须根据自己的条件建设社会主义，一个固定的模式是没有的，也不可能有。那些争论，我们也不相信自己是全对的。

中苏双方对两国关系未来的设想取得了空前一致。小平同志强调无论结盟还是对抗都是不成功的，中苏关系还是以和平共处五项原则为基础。戈尔巴乔夫赞同这一基本原则。高级会晤结束发表的联合公报正式确认了两国最高领导人确定的国家关系准则。这就形成了既不同于20世纪50年代的那种结盟，更不同于60年代和70年代的那种对抗状态，而是不结盟、不对抗、不针对第三国、睦邻友好的正常国家关系。

如今回顾起来，正是当年把握住了历史机遇，确立了两国关系基本准则，才使中国得以与新俄罗斯迅速建立超越意识形态的睦邻友好关系，从而发展到"建设性伙伴关系"，进而确立"面向21世纪的战略协作伙伴关系"，直至今天的"新时代全面战略协作伙伴关系"。这是三十多年来两国领导人顺应历史大势，立足两国人民根本利益，精心呵护、辛勤培育的结果，实属来之不易。

回眸历史，我们不能不深切怀念老领导钱其琛。他的睿智果断，他沉稳冷静的外交风格和谈判艺术，在我们的成长过程中都留下了深刻难忘的印记。

在欢庆中俄建交75周年之际，我们永远缅怀中俄双方外交前辈为实现两国关系正常化、谱写中俄关系新篇章殚精竭虑建立的丰功伟绩！

作 者 简 介

　　王开文，1955 年出生。1973 年初赴莫斯科中国驻苏联大使馆进修俄语，并于
1976 年至 1981 年和 1987 年至 1990 年在驻苏联大使馆工作，任随员、三秘、二秘。
曾任中国外交部办公厅一秘，欧亚司副处长、处长、副司长；驻拉脱维亚、哈萨克斯
坦大使馆政务参赞；驻拉脱维亚、格鲁吉亚、吉尔吉斯斯坦特命全权大使，上海合作
组织副秘书长。

作 者 简 介

　　季雁池，1958 年 4 月生，大学毕业。1984—1991 年在中华人民共和国外交部工作。1991 至 1995 年和 1997 年至 2000 年在驻苏联、俄罗斯、拉脱维亚、立陶宛、亚美尼亚大使馆工作。曾任外交部参赞、新疆维吾尔自治区人民政府外事办公室副主任、驻拉脱维亚共和国特命全权大使、上海合作组织中方国家协调员、上海合作组织秘书处副秘书长、驻圣彼得堡总领事、驻格鲁吉亚特命全权大使。

跟着外交前辈学外交

王开文

（中国驻吉尔吉斯斯坦原大使，上合组织秘书处副秘书长）

季雁池

（中国驻圣彼得堡原总领事，原驻格鲁吉亚大使）

今年是中俄建交 75 周年。自进入外交部后，我们的工作和生活就与苏联、俄罗斯结缘。

六十年代后期以来，我们目睹了两国关系对立、恢复、发展和巩固的各个阶段，经历了许多外交事件的磨砺。在老一辈外交家的精心培养下，潜心努力，我们先后都登上职业外交官的金字塔，代表国家出使异国他乡。我们从学习俄语入手，结识了苏联、俄罗斯。在外交部工作期间，接受了前辈的教诲和指导，在外交案例中学外交，跟着前辈观察学习、思考外交。

稀里糊涂入了外交这一行

王开文：1965 年初夏，北京外国语学院附属外国语学校小学部到我所在的学校招生，上二年级的我被选中。就这样，从 9 岁开始学习俄语。一年后，本已不那么正常的中苏关系变得更加对立，俄语老师课堂上授课的内容也多了一些"火药味"，开始教我们一些诸如"Долой советский ревизианизм"（打倒苏修）、"Руки вверх"（举起手来）

之类的口号。1969 年，中苏边界发生了多起武装冲突，两国关系骤然紧张，年轻的红卫兵等不断到苏联驻北京大使馆门前去抗议。站在看热闹的人群当中，身材不高的我踮着脚第一次看到了苏联大使馆颇具神秘色彩大院内的苏式建筑。但当时怎么也不敢想象，4 年之后，我居然被外交部选派去莫斯科中国驻苏联大使馆进修俄语，进而开始了我的外交生涯，并由此与俄罗斯等欧亚地区国家结下了不解之缘。

从 1973 年初到 1981 年，我首次出国常驻就在莫斯科使馆学习、工作了 8 年，莫斯科成为我外交生涯的始发站。在这期间，我学习提高了俄语水平，接触到了现实版的超级大国苏联，积累了国际关系知识，开阔了国际视野。也正是在那段时间，我遇到了自己的人生伴侣，如同电影《莫斯科不相信眼泪》插曲中所唱的，"就这样花园环路成了我们的订婚戒指"（Вот и стало обручальным нам Садовоекольцо），演绎了一段"办公室的爱情"（Служебный роман），并携手服务于中国外交事业四十余年直至退休。记得 1980 年 10 月 1 日我们在莫斯科友谊街 6 号中国大使馆举行婚礼时，得到了时任使馆政务参赞、深受尊敬的外交前辈田曾佩老领导的祝福。也许是因为这一祝福，也许是因为"莫斯科的爱情忠实圣洁，不会是心血来潮"（Любовь Москвы не быстрая, но верная и чистая），我们已一起度过了 44 个春秋岁月。

如今每当回想起那个年代的往事，总有一种感觉，如梦如幻，也许这就是所谓的"命运的捉弄"吧（Ирония судьбы）！

季雁池：1972 年，在我 13 岁时，被送去西安外国语学校学习俄语。当时，中苏关系还处于敌对状态，教学任务的重心自然就是要培养未来的对苏联工作者，因此那时的教材中有大量针对苏联的词汇和语句，如"苏联修正主义""复辟资本主义"，还有一些在中苏边境对峙地区对苏喊话的用语，如"举起手来""缴枪不杀"等等。由于外语学校的老师都是来自全国各大知名高校，无论俄语教学水平，还是语文

等都是上乘的，使我接受到比较良好的中学教育，打下比较扎实的俄语基础。

1977 年，我报考并成功地进入了上海外国语学院（现上海外国语大学）俄语系，学习研究俄罗斯文学与语言。在毕业时，我选择毕业论文的题目为《社论的修辞（стилистика в Передовых статьях）》。我未曾想到该选题预示着我未来的职业将与苏联、俄罗斯的政治生活紧密地联系在一起，这大概也就是命运的安排吧。1982 年，我被分配到了外交部，当年进入外交学院进修。1983 年，我幸运地作为时隔 12 年后的中苏第一批交换的十位进修生之一，来到莫斯科普希金俄语学院。

1983 年 9 月 10 日下午 4 时左右，我们一行十人乘坐中国民航客机飞抵莫斯科谢列梅沃国际机场。那天莫斯科蓝天白云，这里秋天比北京显然有更多的寒意，但看到机场来热情迎接我们的普希金俄语学院老师，并被称为是来自中国的"春燕"，这一充满激情和带有政治含义的讲话使我们兴奋无比，热血沸腾，寒意全无。苏联各界对我们的到来给予了极大的关注。最让我们感到幸福的是，苏联中国友好协会在寒假时组织中国进修生参观游览列宁格勒（现圣彼得堡）。就是在那个时候，我们结识了协会的责任秘书库里科娃。库里科娃为中国大多数人所熟悉，一生从事对华民间友好工作。鉴于她为中俄关系发展作出的重大贡献，于 2019 年获颁"中华人民共和国友谊勋章"。

从苏联进修回来后，我的工作就与苏联、俄罗斯和原苏联地区联系在一起，直到退休。

三人行必有我师

上个世纪 70 年代，正是中国经历"文革"动乱并开始拨乱反正的关键时期。在那个复杂的年代，虽然大多数年轻人错过了获得规范教育的机会，但我们俩无疑是幸运者，都有机会前往莫斯科学习进修，后来又在外交部工作，身边许许多多的外交前辈就是导师，更确切说是良师益友。正是那些年他们的言传身教使我们受益匪浅，为后来的外交生涯打下了很好的基础。

这些前辈导师中，我们特别想提到的是原外交部常务副部长田曾佩老领导。田曾佩在上世纪 80 年代后中苏关系改善、中俄关系发展和巩固的关键时期担任过主管对苏、对俄工作的外交部苏欧司司长、副部长、常务副部长。特别有幸的是在他担任外交部副部长后，我们两人先后（1988 年至 1992 年）作为秘书在其身边工作，有较多的近距离接触，跟随见证了中苏关系顺利过渡到中俄关系的历史瞬间。观察和学习他在从事外交工作中的领导艺术，以及为对苏、对俄外交所做的付出与贡献。

这里想集中谈谈这位对我们外交生涯影响较大的长者，也是集众多外交前辈外交智慧与才干于一身的令人尊敬的领导。

★ 20 世纪 70 年代田曾佩在中国驻苏联大使馆

田曾佩在我们外交界被尊称为"田部长",因为他曾是正部级的常务副部长。1947年加入中国共产党,曾先后任天津市一中地下党支部书记、南开大学文学院外语系地下党支部委员、中国新民主主义青年团天津市委干事、秘书。1951年至1952年在苏联中央团校学习,回国后在中国共青团组织系统工作。1958年转入外交部。

1970年起,田曾佩历任外交部苏联东欧司副处长、处长、副司长,中国驻苏联使馆参赞,驻南斯拉夫使馆公使衔参赞,驻捷克斯洛伐克大使,苏联东欧司司长,驻南斯拉夫大使。1988年起任外交部副部长、党委书记。中共第十四届中央委员(1992—1997年)。1998年当选为政协第九届全国委员会常务委员、外事委员会主任。

中苏关系正常化的实践者

中苏关系的发展历经曲折和坎坷,可谓大起大落。田曾佩在纪念中俄建交70周年的回忆文章中表述为"十年友好结盟,十年关系恶化,十年对立为敌,十年缓和改善。"

他回忆道,上世纪80年代,中苏双方都调整政策,两国关系逐渐趋向缓和、改善。1982年苏联领导人勃列日涅夫发表愿意改善对华关系的塔什干讲话,客观上为中方调整对苏政策提供了契机。在勃列日涅夫讲话后的第二天,邓小平同志指示外交部立即作出正面反应。接着,中方向苏方传递信息,提出双方应当坐下来平心静气地讨论,通过共同努力设法排除发展两国关系的严重障碍,争取中苏关系有一个大的改善。苏方也表示,愿在任何时间、任何地点、任何级别上同中方讨论双边关系的问题,以便消除关系正常化的障碍。这样,从1982年10月起,中苏两国外交部开始就关系正常化政治磋商。

1988年田曾佩在担任驻南斯拉夫大使仅一年多就被召回,出任外交部副部长,主管对苏联和东欧的工作,接替钱其琛担任中苏副外长级关系正常化政治磋商和边界谈判的中方团长。记得他回国后,还未来得及收拾长年闲置的房子和打开行李箱，就来到办公室开始了紧张的工作，找主管司、处领导谈话、研究谈判方案，批改报告和处理各种大大小小的涉及中苏关系的问题。那个时候，他经常是第一个来到办公室，最后一个离开办公室的副部长。每遇重大事件发生，他总在第一时间找主管处负责人听取意见，共商对策。他还特别交代，凡上呈件中有改动的地方，都要认真学习领会。

1988 年 6 月，他第一次率中国政府代表团与苏联政府代表团举行两国关系政治磋商，也是最后一轮两国关系政治磋商。磋商中双方就中苏双边关系正常化问题达成广泛共识，但在"三大障碍"中的关键问题未能达成协议。时隔两个月后，双方副外长在北京专门就柬埔寨问题举行工作会晤。田曾佩与罗高寿是老相识，非常重视这次工作会晤，特意将这次会晤的地点安排在钓鱼台国宾馆。双方进行了坦诚、务实和长时间艰苦的会谈。我们已不记得工作会晤中间休会了几次，但每次会晤的时间都很长。每谈完一个问题后就宣布休会，各自报告上级，然后再回到谈判桌前继续谈。最后一天的谈判从下午一直谈到晚上，原定的中方正式晚宴多次推迟，最后田曾佩建议双方打破礼宾惯例，将"正式晚宴"改成"工作晚餐"，罗高寿会意地举双手赞同。于是双方转场到宴会厅边吃边谈，吃完饭后继续会谈，一直谈到半夜 12 点才告结束。田曾佩回忆说，最终达成内部谅解：双方都同意，柬埔寨问题应通过政治手段予以公正合理的解决，双方都表示愿尽力促使这个目标的实现。这次工作会晤的结果是很积极的，为后来启动中苏高级会晤和实现中苏关系正常化的决策提供了至关重要的前提。

中苏关系正常化后不久，东欧剧变，两极格局崩塌，国际形势和两国国内情况都发生了巨大变化。遵照中央的指示，田部长要求苏欧司密切跟踪形势变化，及时提出对策建议，并做好相关具体准备，包括会谈方案和建交公报（中俄文及英文本）。当波罗的海三国突然独立、苏联瞬间解体，外交部都有条不紊地适时应对，田部长身先士卒，亲赴外交第一线奔波处理，确保了中国与俄罗斯和其他新独立国家的关系历史性平稳过渡。

我们作为随同人员，印象尤为深刻的是，当中俄双方在莫斯科就两国关系《会谈纪要》达成一致即将签字之际发生的一幕。田曾佩建议在《会谈纪要》文本上正式签字，说："我是中国政府特使，已被授权代表中方签字。"库纳泽副外长的回应却令人意外："我没有得到授权，不能作为政府代表签字。"田曾佩建议："那就代表双方外交部签字。"库纳泽脱口说："这不行。"田曾佩停顿了一小会，严肃地指出："我们谈了两国关系这么多问题，你不会是代表个人吧？"库纳泽与身旁的同事商量后表示，同意向领导报告请示。当日下午，俄方回复，库纳泽可以代表政府签字。随后，双方在俄外交部正式签署两国政府代表团《会谈纪要》，圆满解决了中苏、中俄关系的继承问题。这个纪要成为新形势下发展中俄两国关系的指导性文件。

★ 1988 年 8 月 28 日，中国副外长田曾佩（右 2）和苏联副外长罗高寿在北京就柬埔寨问题举行工作会晤

田曾佩回忆说，这是那次出访中的"遭遇战"，是有生以来第一次。但好在我们外交部苏欧司（现在的欧亚司）是一支能打硬仗的队伍，平时分析调研工作扎实，也有应急方案，这从外交技术层面打下了牢固的基础。当然，最重要的是中央根据新形势的发展，从维护国家安全利益和着眼中俄长期睦邻友好做出的无比正确决策。

老领导对中俄关系的发展情深意切

2016 年春，当时王开文在上海合作组织秘书处任副秘书长，向中俄友好、和平与发展委员会老朋友理事会提议，由他和夫人出面安排一次中俄老朋友的聚会。上合秘书处附近的日坛宾馆内有一家名为"别墅"的餐厅，这是我们在北京比较喜欢的俄式餐厅之一。4 月 16 日，曾多年一起共事的老领导和俄方的老朋友约 30 人齐聚一堂，时任驻华大使杰尼索夫及在北京的俄方老朋友沃罗比约夫、陶米恒等悉

★ 田曾佩与俄罗斯驻华大使杰尼索夫亲切交谈

数出席，年近九旬的田部长手持拐杖携夫人准时到场。令人感动的是，田部长离休后一般的外事活动都不参加了，但他说与俄罗斯老朋友聚会可以例外，并应邀担任中俄老朋友理事会顾问和老朋友俱乐部荣誉会员。

老朋友相聚格外亲切，大家边品尝传统的俄式美食，边畅谈中俄关系过往几十年的发展变化，深情回忆当年亲历两国关系的难忘时刻。作为中苏、中俄关系数十年发展进程的亲历者，田部长致辞时对新时代中俄关系不断登上新高度给予高度评价，同时特别强调中俄全面战略协作伙伴关系来之不易，应倍加珍惜和呵护。三年后，他为纪念中俄建交70周年文集《世代友好》撰写文章，回顾他与俄罗斯的不解之缘，记录他参与处理中苏、中俄关系的经历与思考。在中俄建交75周年的今天重读此文，仍倍感亲切，一切似乎都是那么的熟悉，有一种身临其境的感觉。

2022年9月3日，对于老朋友理事会的成员来说是一个难忘日子。中俄友好、和平与发展委员会老朋友理事会在朝外山水铂宫为即将离任的杰尼索夫大使举办联谊暨饯行活动。当理事会中方成员得知俄中老朋友理事会主席杰尼索夫大使将离任消息时，都有点依依不舍。大家都深知，一个外交官不可能在一个国家终生任职，是其职业性质决定的。于是，理事会中方主席周晓沛建议为杰尼索夫大使举行欢送活动，并向老朋友理事会顾问田曾佩作了报告，田曾佩当即表示，一定要亲自送送这位老朋友、老伙伴、老同行。

那天傍晚下着细细的秋雨，92岁高龄的田部长精神矍铄，迈着沉稳的步伐来到活动现场，一见到杰尼索夫这个老朋友，两人便相向迎了上去，握手并亲切问候对方。田部长代表理事会向杰尼索夫大使赠送老朋友理事会和央视总台俄语部合作拍摄的老朋友传承世代友好的故事《友谊与智慧》纪录片拷贝光盘和"一帆风顺"琉璃龙船（大使属龙），双方老朋友一起合影留念。在欢送晚宴上，宾主频频致词祝酒，

★ 2022 年 9 月 3 日，田曾佩与杰尼索夫大使握手告别

气氛热烈。老朋友们高度评价中国人民的好朋友、真朋友、俄罗斯的杰出外交家杰尼索夫任职十年来为巩固发展中俄新时代全面战略协作伙伴关系所做的重要贡献。双方都表示，作为历经数十载"同一战壕"风雨考验的老战友，对中俄战略合作的光明前景充满信心。无论在北京还是莫斯科，不管在岗还是离职，我们都愿为中俄世代友好继续尽心尽力！

最后，两位长者田曾佩与杰尼索夫的手紧紧地握在一起，互相道别，互相祝福，情深意切。记得 2015 年 9 月老朋友俱乐部在南小街外交公馆聚会，杰尼索夫受委托向田部长颁发老朋友俱乐部荣誉会员证书时，他用俄语对大使说："我们俩都曾担任过外交部常务副部长，也算是同事了。"杰尼索夫用中文说："对，但你是老前辈。"

结束语

当我们作为外交新兵在莫斯科实习时，外交对我们来说一切都是从零开始，要在实践中边学习、边工作。因此，向谁请教，向谁学习，以谁为榜样就变得十分关键，也就是所谓的有样儿、学样儿，榜样的力量是无穷的。虽然那时田曾佩不是我们的直接领导，但时常也能有机会陪同他参加一些外事活动，拜读他批改的文件和调研材料。还有就是他平时的言谈举止，为人处世，严肃而不失亲切，确实让我们年轻人由衷地从内心感到钦佩。从他身上我们能够看到中国老一代外交人传承下来的优良品质：对党忠诚、为人正直、踏实敬业、沉稳谦和，对外交往中既坚持原则又不失灵活。

田老在外交部组织的一次"青年访谈"活动中回忆起他多年的外交生涯时谈到，老一代国家领导人和外交家周恩来总理对他影响深远，并深深折服于周总理的思想、风度和魅力，在外交工作和为人处世上皆以他为楷模，严于律己、认真细致、一丝不苟、廉洁奉公，时刻以周总理对外交人员提出的"站稳立场、掌握政策、熟悉业务、严守纪律"十六字方针为座右铭。

作 者 简 介

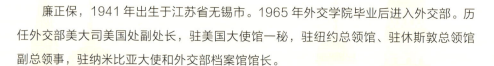

　　廉正保，1941 年出生于江苏省无锡市。1965 年外交学院毕业后进入外交部。历任外交部美大司美国处副处长，驻美国大使馆一秘，驻纽约总领馆、驻休斯敦总领馆副总领事，驻纳米比亚大使和外交部档案馆馆长。

　　现任外交部老干部笔会副会长，中国公共外交协会特约研究员。编辑出版了《共和国的客人》一书，发表了"周恩来与柯西金北京机场会谈""亲历尼克松访华"等文章。

开创性的中俄档案合作

廉正保

（中国外交部档案馆原馆长，原驻纳米比亚大使）

2024 年是中华人民共和国成立 75 周年，也是中俄建交 75 周年。我不禁回忆起在外交部任职档案馆馆长期间，与俄罗斯联邦外交部历史文献局合作编辑出版历史文献的往事，这是迄今中国与外国第一次成功的档案合作。合作的成果最终体现为编辑出版《中国与苏联关系文献汇编（1949 年—1955 年）》。

中华人民共和国成立第二天，苏联即率先与新中国建交。汇编收录了新中国成立初期双方交往过程中形成的重要档案史料，再现了中苏关系建立发展的起始过程，反映了两国人民之间的深厚情谊以及开展合作的真诚意愿。这是一部具有重要历史价值的文献。在汇编第二册首发式上，时任俄罗斯副外长莫尔古洛夫强调，酝酿编辑出版汇编的过程是两国外交部务实合作的亮点，档案合作已成为俄中双方全方位交流与合作不可或缺的组成部分。

立 项

2003 年 9 月，俄罗斯联邦外交部历史文献局局长丘里林一行来华访问，与我就两国外交部档案领域合作进行磋商。丘里林是一位资深外交官，快人快语，开门见山，建议俄中两国外交部合作编辑出版

1949—1955 年双边关系文献汇编。我当即表示，中方亦有此意。双方不谋而合，很快达成协议。

中国外交部副部长刘古昌会见丘里林，对中俄两国外交部档案部门合作编辑出版 1949—1955 年双边关系文献汇编表示赞赏，同意将此项工作纳入即将召开的中俄教、文、卫、体合作委员会第四次会议纪要。丘里林随后向中方提交了俄方准备的相关议定书草案。访华期间，丘里林一行还参观访问了清史编纂委员会、北京市档案馆、第一历史档案馆和中央档案馆。

11 月，俄罗斯驻华使馆公使衔参赞冈察洛夫转交了丘里林局长给我的信件，并告俄外交部正在积极筹备双方拟合作编辑的双边关系文献汇编，目前俄方已对编辑方式、组成人员等形成初步构想，建议两国外长共同担任编委会主席，两国外交部档案部门于明年在莫斯科就此进行磋商并签署议定书。

经双方商定，2004 年 4 月我率中国外交部档案代表团访问俄罗斯，与丘里林局长进行磋商。双方草签了《中华人民共和国外交部与俄罗斯联邦外交部关于合作编辑出版 1949—1955 年双边关系文献汇编的议定书》，为李肇星外长访俄正式签署该议定书做准备。

2004 年 4 月 27 日，中俄两国外长在莫斯科正式签署了两国外交部合作编辑出版 1949—1955 年双边关系历史文献汇编的议定书。该项目已被列入两国元首批准的《中俄睦邻友好合作条约实施纲要》。

★ 2004 年，作者（右 1）与俄罗斯外交部历史文献局局长丘里林在莫斯科会谈

构 想

中俄首次合作出版记录两国双边关系历史重要时期的文献，其主要目的是展示两国在那段时期双边关系的发展和国际领域的合作情况。汇编的出版将填补双边关系中的空白，有助于客观地再现历史本来面目，充实两国史料学的基础。不仅如此，汇编的出版还将驳斥和澄清西方及台湾历史文献中关于中苏关系形成和发展的大量杜撰和歪曲。

我们的初步设想是：汇编的年代框架为 1949 年 10 月 1 日至 1955 年 12 月 31 日。可分两册出版，第一册的年代为 1949 年 10 月 1 日至 1951 年 12 月 31 日。汇编的基本构思是，以双方外交部档案馆保管的档案为基础，必要时选用双方中央及有关单位档案机构保管的相关材料，以及业已在两国中央机关报和官方出版物公开发表的文件，按时间顺序结合重要事件专题，对外交文件进行系统的整理加工，使读者能比较完整地了解中俄两国在这一历史时期各个重要交往的基本过程和实质性成果。汇编的文件组成，主要收录由双方围绕双边关系中某一事件在外交交涉中直接形成的各种文件，包括各种外交文书、条约文本以及反映事件过程及其成果的其他形式的文献。

汇编内容包括苏联承认中华人民共和国、两国建交、互派大使等；两国在政治、经贸、科技、文教、卫生、体育等各个领域合作的条约文件及与之签署、执行等直接有关的往来文书；两国高层领导人互访及会议、会见记录、文电往来等；两国领导人就重大国际问题发表的互相支持和呼应的声明、讲话、会谈、会见及有关的往来文电；两国领导人就重大节庆事件互致的电文；涉及两国边界、边境事务、重大领事侨务活动，重大政治、文化、科技交流活动，包括代表团互访的有关文件；其他双方认为是两国关系中重要问题的往来照会、公务文电、部门负责人谈话等。拟通过双方互换文件目录后协商确定，收入汇编的文献资料按时间顺序排列。

磋 商

根据中俄两国外交部 2005 年磋商计划，丘里林局长一行于 2005 年 8 月应邀访华，同我就如何落实合作编辑文献汇编进行商谈。

时任外交部副部长乔宗淮会见了丘里林，指出中俄外交部共同编辑出版双边关系历史文献汇编在两国关系史上尚属首次，而对于中国外交部来说，则更是第一次与外国开展此类合作，具有开创性的意义。中国外交部对此非常重视，将为此项工作的顺利进行提供一切必要和可能的支持。

我与丘里林局长举行了两次磋商，就中方提出的设想基本达成共识。双方确认编委会名单，同意由两国外长各自担任编委会主席。双方同意通过使馆交换各自拟就的编辑大纲和各类史料，俄方同意先向中方提交编辑大纲。双方确定了今后交往途径和工作规则，技术性问题原则上均通过使馆加以解决。关于版权问题，双方确认，中文版版权归中方，俄文版版权归俄方。双方确认，以纪要方式记录每次磋商内容及达成一致的意见，经双方编辑小组负责人签字后作为今后工作的依据。磋商结束后，我陪同丘里林局长一行游览了颐和园，并到天津参观。

随后，我把双方在这次磋商中达成的共识和谅解给丘里林局长发了一封函，请他复函确认。随后，双方编辑小组进行了几次小范围磋商。

2006 年 7 月，丘里林局长来信，提交了俄方拟收入汇编的已发表过的文件清单和副本，同时告他已被任命为俄驻罗马尼亚大使。他在信中说：我将启动该汇编的出版工作当作是本局最重要的工作成绩之一。无疑，这一项目的落实是为巩固两国人民世代友好做出的特殊贡献。俄中两国的青年一代应当了解并铭记那波澜壮阔和充满英雄主义情怀的岁月。当年结成的俄中友谊对两国产生重大影响，也具有世界意义。他希望不要放慢这项工作的速度，使这本非常有价值的文献汇编能够早日问世。

2006 年 12 月，我率领中国外交部档案代表团访问俄罗斯，与俄外交部历史文献局继续进行磋商。新任局长普罗瓦诺夫在俄外交部会议室会见我，他曾任俄驻爱沙尼亚大使，说很高兴与中国外交部档案工作同行进行此次会谈，非常希望得到理想的结果。我扼要介绍了汇编筹备工作情况，并探讨将中俄两国外交部档案领域合作机制，进一步扩大到上海合作组织各成员国外交部之间档案领域合作的可能性与具体步骤。磋商流畅、顺利，在许多方面达成了共识。我还会见了俄著名汉学家、外交部原历史文献局局长齐赫文斯基。

俄外交部副部长季托夫会见代表团，对此访取得联合出版 1949—1955 年双边关系相关历史文献的磋商结果表示很高兴，强调两国外交部不仅有必要合作出版历史文献，还有必要开展各项交流，比如中国在档案保管方面的新措施和新技术，针对发展中面临的困难与问题提出的解决办法，都是我们需要借鉴的。季托夫还对中方提出的将两国

★ 2006 年 12 月，作者在莫斯科与齐赫文斯基交谈

档案领域的合作扩大到上海合作组织范围的设想表示支持。

根据国内有关部门的要求，我们还利用此次访俄机会，查阅了当年在莫斯科召开的中共六大档案。随后，俄方向我们提供了一份俄罗斯国家社会政治史档案馆馆藏中共六大档案清单。磋商总的讲比较顺利，但也有一些分歧、争论和不同看法。双方本着互信和诚意，经过协商都得到圆满、妥善解决。

我于 2007 年退休后，依然密切关注相关进程。在新任馆长的领导下，中俄双方汇编工作继续有条不紊地进行。

出　版

经过中俄双方编委会和专家多年的共同努力，在 2009 年 10 月中俄建交 60 周年之际，汇编第一册《中国与苏联关系文献汇编（1949 年 10 月—1951 年 12 月）》由世界知识出版社出版，作为纪念中俄建交 60 周年庆典活动之一。

汇编首页刊登了两国外长的贺词。时任中国外交部部长杨洁篪在贺词中说，弹指一挥间，中俄关系已走过了六十载风雨春秋，步入成熟、健康、高质量的时期。这部文献汇编收录了新中国成立初期双方交往过程中形成的重要档案史料，是两国关系建立不断发展的历史见证，再现了两国关系发展的重要历史性时刻和具有里程碑意义的重大事件。

俄罗斯外交部长谢·拉夫罗夫在贺词中说，中华人民共和国成立第二天，我国即率先与新中国建交。此书再现了新中国成立之初苏中关系建立发展的过程，反映了两国人民之间的深厚情谊以及开展合作的真诚意愿。俄中关系源远流长，交往史长达 400 年，现在已提升到战略协作伙伴关系的高度。

汇编第一册刊登了 20 多帧珍贵文献、照片。其中有：1949 年 10 月 1 日毛泽东主席发表的中华人民共和国中央人民政府公告、中苏关于建立外交关系的换文中文版和俄文版、1949 年 10 月 3 日周恩来亲笔起草的致葛罗米柯电报、罗申向毛泽东递交的国书、王稼祥向什维尔克递交的国书、中苏友好同盟互助条约中文本等。

2015年10月，汇编第二册《中国与苏联文献汇编（1952—1955年）》出版。汇编在首页同样刊登了中俄两国外长的贺词。时任外长王毅在贺词中对汇编给予高度评价，说这部汇编向世人重现了新中国成立初期中苏两国交往的重要瞬间，见证了两国人民深厚的传统友谊，是一部具有重要历史价值的文献。指出，在习近平主席和普京总统的战略引领下，中俄全面战略协作伙伴关系保持高水平运行，政治互信不断深化，务实合作全面推进，人文交流持续加强，国际合作愈加密切。回顾过去，中俄友谊源远流长；展望未来，中俄合作潜力巨大。我们愿与俄方伙伴通力合作，百尺竿头更进一步，共同开创两国关系更加美好的未来。

俄外长拉夫罗夫在贺词中说，今年俄中两国及国际社会将共同庆祝第二次世界大战胜利七十周年，向世界展示我们对历史的一致态度，表明我们坚决反对篡改历史的任何企图，具有重大意义。俄中在历史档案领域的相互协作理当在这方面发挥特殊的作用。相信无论是国际问题专家，还是对俄中两国对外政策和外交的历史问题感兴趣的广大读者，对本汇编的出版都会做出正确的评价。

汇编第二册同样刊登了一些珍贵的文献和照片，其中有：1952年11月周恩来、朱德为庆祝举行"中苏友好月"的题字、1952年12月宋庆龄率中国代表团在莫斯科出席世界人民和平大会期间同中苏艺术家在一起的照片、1954年10月毛泽东和赫鲁晓夫在我国庆五周年庆典上的照片等。

外交部部长助理刘海星在讲话中表示，两国外交部共同编辑出版双边关系历史文献汇编，成功开辟了双方新的合作领域，是中俄政治互信的重大具体体现。汇编较为系统地反映了20世纪50年代初期两国在各领域开展交往与合作的情况，重现了这一历史时期中两国交往

★ 2016年4月，在俄罗斯驻华使馆举行了《中国与苏联文献汇编（1952—1955年）》首发式。俄驻华大使杰尼索夫（中）主持并致辞，外交部部长助理刘海星（右2）、俄副外长莫尔古洛夫（左2）出席并讲话

的重要历史性时刻和具有里程碑意义的重大事件，见证了两国人民的传统友谊，具有重要历史价值。汇编的出版，对增进两国人民，特别是青年一代的相互理解和友好感情将发挥重要作用。时任外交部档案馆馆长鲁桂成、俄罗斯外交部历史文献局局长库兹涅佐夫在会上介绍汇编工作情况。国家档案局、中联部、中央党史和文献研究院等有关单位负责人，部分院校师生和媒体代表参加了首发仪式。

中国与外国第一次档案合作取得圆满成功，中俄两国外交部在档案领域迈出了开创性的一步值得赞颂，必将载入外交史册！

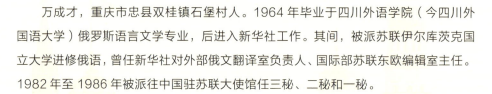

　　万成才，重庆市忠县双桂镇石堡村人。1964 年毕业于四川外语学院（今四川外国语大学）俄罗斯语言文学专业，后进入新华社工作。其间，被派苏联伊尔库茨克国立大学进修俄语，曾任新华社对外部俄文翻译室负责人、国际部苏联东欧编辑室主任。1982 年至 1986 年被派往中国驻苏联大使馆任三秘、二秘和一秘。

　　中苏关系正常化、东欧剧变、苏联解体全过程的见证者、亲历者和报道组织者，第一个采访苏联首任也是末任总统戈尔巴乔夫、新俄罗斯首任总统叶利钦的中国记者，上海合作组织"杰出贡献奖章"获得者；中国俄罗斯东欧中亚学会高级顾问；曾任新华社莫斯科分社社长、里加分社首席记者、国家高端智库之一新华社世界问题研究中心研究员、中国上海合作组织研究中心常务理事、国务院发展研究中心欧亚所俄罗斯外交政策室主任、中国国际问题研究基金会欧亚中心执行主任。

　　参与和主持了复杂而敏感的东欧剧变、中苏关系正常化和苏联解体等所有重大事件的新闻报道及时局的研究工作，多次准确提前预判苏联、俄罗斯局势的发展趋势，适时如实反映情况、提出看法和可行性政策建议，多次受到国家领导人和中央有关部门的批示、好评或采纳。2011 年获得上海合作组织成立 10 周年颁发的"杰出贡献奖章"，2021 年获国务院发展研究中心欧亚所颁发的对该所"发展作出重大贡献"荣誉证书。

著有《苏联末日观察》《新俄罗斯观察》《大国战略》（合著）；译著有《今日南斯拉夫》《被迫的西伯利亚之行》《伏罗希洛夫传》《在华使命》《俄罗斯未来十年的国际战略》。

永做友好交往的桥梁

万成才

（新华社莫斯科分社原社长，国务院发展研究中心俄罗斯外交政策室主任）

本人从 1964 年到如今，在新华社从事苏联、俄罗斯的新闻报道和形势研究 60 年整，其中在莫斯科工作 10 余年，是中苏关系正常化、东欧剧变、苏联解体的亲历者和见证者，参与和主持了这些重大事件的报道和形势研究。工作的第一天阅读的就是塔斯社新闻稿，从此它成了日常工作的必读物。新华社和塔斯社都是国家通讯社，位列这一主流媒体的中枢一员，能为承担中苏、中俄间的交往和相互了解、合作做一份工作，深感荣幸。

我们老朋友俱乐部现有成员多在 70 - 80 岁高龄，最年长的已是"90 后"，无论我们还怎么健康，但毕竟芳华已逝，来日有限。因此，借共同庆祝新中国成立 75 周年和中俄建交 75 周年之际唠叨几件个人工作中与中俄关系相关的事，以与朋友们一起追忆共同经历的难忘片段。

与两国关系风雨同伴

几十年来，我个人的命运与两国关系风雨同伴，经历了上世纪 50 年代友好蜜月期、60 年代意识形态辩论期、70 年代兵戎相见对抗期、80 年代关系正常化期以及 90 年代起双边关系不断向前发展期。在每

★ 作者阅读苏联报纸

个时期的工作都难度大，特别是苏联解体之初的工作最难。

1991年11月21日，我奉命到莫斯科工作，次日就开始报道。当时，常驻莫斯科的世界各国记者达2200多名，但中国记者仅10多个，其中新华社记者6名，工作十分繁忙，通常都工作到深夜。非常幸运的是，我与主管双边关系的中国外交部和苏联、俄罗斯外交部一亚局、新闻司及俄罗斯总统新闻局保持密切而良好的工作关系，使我无论在北京还是在莫斯科的工作都进行得比较顺利，所撰写和发表的数百万字的新闻报道和研究文章，不仅受到国内主管领导的肯定和广大读者的欢迎，而且也受到俄罗斯驻华大使馆和俄官方的赞赏。他们对新华社领导说，新华社莫斯科分社关于俄罗斯局势的报道"客观，不哗众取宠、不感情用事"。

在回忆人生经历和工作成果时，首先要说三声"特别感谢"。特别感谢原莫斯科分社首席记者王崇杰和沈一鸣等同志，是他们在上世

★ 作者与莫尔古洛夫（中）和夫人在使馆举行的新中国成立 60 周年招待会上

纪 70 – 80 年代悉心指导我写作，使我从原本是翻译工作者转变为合格的高级记者。特别感谢使馆的领导和同事的关心和帮助，凡中俄两国的重大事件，他们都及时给我们"吹风"，应邀到新华社详细介绍情况和对俄政策，使我们心中有数，下笔有据。也难忘在艰难而繁忙的 80 – 90 年代，在使馆同一食堂用餐、沿同一小道散步、同一礼堂看电影、同时去莫斯科郊外观光的快活日子。特别感谢俄罗斯外交部新闻中心的马尔科夫同志，时任一亚局局长阿法纳西耶夫、伍努科夫和莫尔古洛夫（现任驻华大使）等同志。

记忆犹新的是，1991 年 11 月去莫斯科分社前夕，时任苏联驻华大使馆新闻参赞伍努科夫专门邀请去北京莫斯科餐厅为我饯行。我在莫斯科工作年代，关键时刻他在莫斯科的同事们都清晰地向我们介绍俄罗斯的外交政策，尤其是对华政策。有什么疑难问题求助时，无论

★ 伍努科夫（左1）及夫人（右1）与作者合影

他们怎么忙都从不拒绝我前去拜访。

我受命为新华社莫斯科分社购买办公用房，必须办理十分复杂的购房手续，我为此一筹莫展。马尔科夫抽时间陪我去会见莫斯科市政府负责人，让他给我讲述了如何根据俄罗斯相关民法办手续的程序，使我消除了花钱而落空得不到房的担忧，放心办理各种手续，从而出色完成了任务，使建立了几十年的莫斯科分社有了永久性办公处。

苏联问题专家解读乱局

1991年发生"8·19"事件，8月23日苏共被解散，各加盟共和国纷纷宣布独立，国内广大干部和民众都对苏联局势的演变十分关注，更加关注可能对我国产生的负面影响。

一些机关单位请新华社派人给他们介绍苏联局势，于是社领导派被称为"苏联问题专家"的我去干这件棘手的事。我提了个条件，不能录音，也不能做笔记，讲座持续3小时。大家都聚精会神地听，报告后提出的问题表明，大家最关心的是苏共被解散了，中国怎样才能不重蹈覆辙？要是苏联崩溃了，中国是否也会分裂？我的回答很干脆：中共与苏共曾有几十年的密切关系，这是事实，大家十分关注完全可以理解，但我们自己要有信心，虽然两党有共同之处，二者也有区别，因为中共不是苏共。中共不同于苏共，最主要的是指导中国改革的是邓小平，邓小平不是戈尔巴乔夫；中国改革取得了前所未有的成就，人民生活大为改善，苏联改革造成前所未有的大混乱，人民生活大为下降。还指出，世界上希望中国亡党、中国分裂的大有人在，他们得逞与否，关键在于我们中国自己，在很大程度上也取决于台下在座的你们这些同志们。话音刚落，响起满堂掌声。

客观报道真实情况

当年国际上流行的思潮是对戈尔巴乔夫推行的"新思维"改革大加赞扬，但本人从一开始就持谨慎态度，经过仔细分析和与中国改革的比较后得出自己的不同看法。

1990年7月2日至13日召开了苏共二十八大，我根据大会通过的文件分析撰写了题为《苏共二十八大后的苏联政局："人道、民主的社会主义"是个大问号》的研究报告。报告开门见山指出，"戈尔巴乔夫正式抛弃此前建成的苏联式社会主义，试图驾驭这艘沉重的大船，在政治风暴的大洋中驶向'人道、民主的社会主义'彼岸。他能否如愿以偿，是个大问号"。报道列举了数条理由，判定戈氏这一"新思维"改革将彻底失败（该报告全文收入文集《苏联末日观察》一书第058—062页，中央编译出版社2011年第一版）。

叶利钦辞去苏共中央建设委员第一副主席职务后，1989年3月26日当选为首届苏联人民代表，这被称作"叶利钦现象"，是当年苏

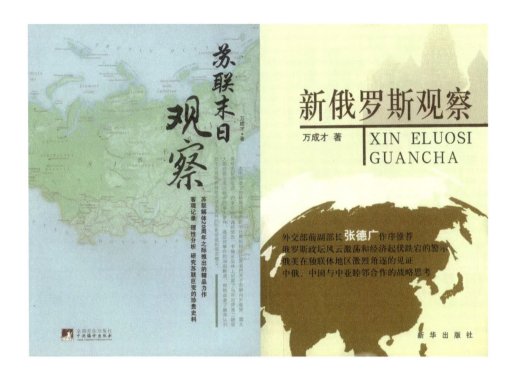

联政局的标志性事件，在苏联国内外引起广泛反响。当时我在新华社国际部主持苏联报道，根据塔斯社发表的材料编发了叶利钦当选为人民代表的消息，播发后第二天，《人民日报》等大报都在显著位置予以刊载。这使我更有信心，继续认真研究苏联局势，尽可能全面、客观报道真实情况。

苏联解体后，我对俄罗斯局势更是跟踪研究。1998年10月撰写了《叶利钦政权能维持多久？》的报告，指出，叶利钦陷入严重政权危机，"如果他真的无法撑到任期届满的2000年，他将物色一个自己信赖的人做克里姆林宫主人"（该文收入中央编译局2011年出版的《苏联末日观察》一书第118—121页）。果然，1999年8月9日叶利钦任命普京为总理，12月31日宣布自己辞去总统职务，由普京出任代总统，并于2000年3月成功竞选为总统。

2008年3月2日，时任第一副总理梅德韦杰夫当选为总统，将任命两届总统任期届满的普京为总理，根据这一安排，当年3月3日我应邀在新华网作访谈时就作出他们俩"将牵手到2020年甚至2024年"的论断（这次访谈内容收入新华出版社2010年出版的《新俄罗斯观察》一书的第100—105页）。

新华社记者"吃小灶"

1992年12月，叶利钦总统首次访华前夕，约定安排新华社记者在总统出发时和访华归来时在机场见面提问。他对我们的提问都作了热情友好的回答。1994年9月中国国家主席访问俄罗斯前夕，我们约定当面采访叶利钦总统，但后来他有事无法分身改为书面采访。我们理解这一临时安排，立即将采访题传到总统新闻局，几天后我们接到电话，以为通知我们去取书面答问。不料被告知，新闻局派人将总统书面答问文稿亲自送到分社。我们喜出望外，这表明对我们新华社工作的热心支持。

叶利钦总统在克里姆林宫举行的几次发布会都有一千多名各国记者到场，但每次都点名新华社记者提问并认真回答。有几年总统新闻局开启了每月一次固定约请6位俄罗斯记者和新华社、美联社、路透社、法新社驻莫斯科分社首席记者共10人到克里姆林宫聚会1小时，总统新闻秘书首先简明扼要通报当前俄局势，然后10位记者自由提问。这对我们正确了解和理解俄罗斯时局很有裨益。

此外，俄罗斯政府领导人也请我们新华社记者"吃小灶"。例如1992年12月24日，绍欣副总理只邀请6位俄罗斯记者和2名新华社记者共8人到他的办公室详细介绍盖达尔被解除代总理职务后组成的切尔诺梅尔金新政府将奉行的经济政策。而切尔诺梅尔金第二天才举行记者招待会谈相关问题，我们吃了"小灶"后能更好地理解新政府的内外政策。

用总统座驾接待贵宾

1995 年 11 月，邓小平同志的女儿邓榕应邀到莫斯科出席她撰写的回忆录《我的父亲邓小平》一书的俄文版首发式。我本打算自己驱车去机场迎接，而李凤林大使让我乘他的专车前往。我们到机场后，接待方告知我们，俄罗斯各大媒体记者以及驻莫斯科的众多外国记者闻讯后纷纷赶往机场。他们没有机会见到邓小平同志本人，企图从他的家人口中得到有关邓小平同志的健康情况等信息。出于安全考虑，接待方把刚下飞机的邓榕同志从侧门引入机场贵宾室，把李凤林大使和我也带到那里，等待各国记者散去后再出机场。可是，从晚 7 时许等到 9 时多，两个小时过去了，还有不少记者未离去，不辞辛苦在各处张望和打听。

★ 1995 年 11 月，作者与邓榕同志在俄罗斯总统饭店交谈后合影

鉴于此情此景，接待方为了来宾尽早到宾馆休息，出了个好主意。他们说，戈尔巴乔夫1991年8月在克里米亚福罗斯别墅休假时的总统专车，是具有重大历史意义的"8·19"事件的见证物。事件后俄罗斯信贷银行以高价购得了这辆总统座驾作为文物保存，平时不用，但为了显示超高规格接待邓榕这位来宾，特别用这豪华汽车来接，但有的俄罗斯记者熟知这辆车，如果他们发现可能尾追之。为了避免发生这样的情况，他们建议邓榕改乘李风林大使的专车出机场，而我乘戈尔巴乔夫乘坐的总统专车出机场，约定在途中互换座驾。我们欣然接受这一稳妥安排。

于是，我被领入昔日戈尔巴乔夫的总统专车，在途中的夜幕中，又改乘李大使的专车回使馆，而李大使陪同邓榕乘戈尔巴乔夫昔日的专车直奔总统饭店。这一机场迎接的场景也显示了邓小平同志的巨大影响力。

新闻局长亲自带路救急

1994年9月，中国国家主席访问俄罗斯，在克里姆林宫与叶利钦总统举行会谈。与此同时，叶利钦总统的夫人在克里姆利宫会见中国国家主席的夫人，是这次访问的一项重要活动。

本人负责报道两国元首会谈后共同举行的记者招待会，安排分社摄影记者蔡志培负责为两国元首夫人的茶叙拍照。可是不久前才到任的这位同事是首次进入克里姆林宫采访，虽然手持到目的地的路线图，但怎么也没找到两位夫人将会见的地方，而会见的时间马上就要到了，他急忙跑来对我说："迷路了！"此时我也无法分身，心急火燎，正在想办法时，突然看见在走廊忙活的俄罗斯外交部新闻局局长卡拉辛（后任副外长），我箭步到他面前："对不起，我的同事找不到两位夫人会见的场所，他应去为会见拍照。"卡拉辛听罢，看了看手表，毫不犹豫地说："让你的同事跟我走，快！"

★ 作者与时任俄罗斯外交部新闻局长卡拉辛（右4）等在外交别墅合影

　　接着，卡拉辛领着蔡志培转身而去，我心头的重石一下子落了地。幸亏局长及时带路，才使这一重要报道任务圆满完成。

提前通报发兵车臣反恐

　　1994年12月9日晚8时，叶利钦总统向全国发表电视讲话，宣布"将采取一切手段"解除搞分裂、闹独立的北高加索车臣共和国境内的非法武装。当晚10点，塔斯社负责国内报道的副社长西佐夫通过电话叫我10日上午10点到他办公室去。尽管10日是星期六，我如约而至。见面相互都未来得及打招呼，他就开门见山："跟你聊15分钟，然后我要去社长那里开会"。落座后他直言道，只聊一个问题，"就是车臣问题武力解决"，他不等我问就主动讲为什么武力解决。当他讲到第13分钟时，我说："我认为，今天上午已经发兵车臣了，是吗？"

他答道："你很聪明。"我又问："既然已开战，我可以发条消息吗？"他从座椅上站了起来，说可以，但不用他的姓名作为消息来源。于是，他漫步转了两圈，给我口授了一句话的消息。我就完全按照他口授的内容往北京发回了一句话的公开报道，原文如下："新华社莫斯科（1994年12月10日电），据可靠消息灵通人士今日12时对本社记者透露，俄罗斯已于今日上午对车臣采取强硬的军事行动，以解除车臣境内的非法武装。"对出兵车臣原因的详细内容也及时报回了北京。

虽然是12月10日就出兵车臣，但俄罗斯官方媒体，包括塔斯社是12月12日才正式发表出兵车臣的消息。西佐夫以消息灵通人士的名义提前3天向我通报发兵及发兵原因，其意图是希望通过新华社的渠道，让中方早日了解和理解俄罗斯这一重大军事行动，因为当时西方一直支持车臣分裂势力。车臣之战开始后，西方强烈指责俄罗斯"侵犯"车臣人权。在这种情况下，开战几天后，塔斯社社长伊格纳坚科又约我见面说："现在是改善俄中关系的最佳时机！"我问："为什么？"答曰："现在西方利用车臣战争反对俄罗斯的主权和领土完整，叶利钦总统对此十分恼火。"我又问："那么，中国能做什么？"他干脆利落道："现在什么也不用做，尽快发表个关于车臣战争的声明，强调这是俄罗斯的内政就够了。"我迅速把他的这一建议报回北京。很快，我国外交部发表了包括伊格纳坚科社长建议内容的声明。在西方对俄罗斯一片谴责声的情况下，中国发表这样的声明，表明了在涉及核心利益问题上中俄相互支持的立场。

深切致谢一匿名朋友

1994年9月，中国国家主席访问俄罗斯前夕的一天晚上9点钟，我接到一个电话，问我是否出席次日上午10点在总统饭店举行的"世界反共大会"，由莫斯科市和台北市联合召开。他未报姓名，我对他的声音陌生，不知谁打来的电话，于是问"您是谁？"他不予回答就挂断电话。我放下电话，仔细思量一阵，认为他是以这种方式告诉我这一重要信息，于是决定次日一早去总统饭店看个究竟。

一进总统饭店院子，就看见旗杆上升起的是青天白日旗；走进会场，会议秘书长、台湾"中央社"原驻韩国记者急忙同我打招呼，并给了我一套含有会议日程在内的一包材料。会议日程上白纸黑字显示，有俄罗斯现任官员出席会议，当天晚上莫斯科市长卢日科夫为与会者举行欢迎宴会。我深感事态严重，在中苏关系正常化基础上无缝衔接的中俄睦邻友好关系尚未巩固的时刻，在总统饭店举行高度政治敏感性的反华国际会议，这不利于两国关系顺利发展；尤其是，按中俄双方达成的重要日程，几天后中国国家主席即将访俄，代表团先遣小组就在当天晚7时许，也下榻同一饭店——总统饭店。这一场景很可能会酿成严重的外交事件，直接影响这一重要访问。想到这些，我马上急于驱车返回使馆向大使报告我看见的这一切，但又担心途中耽误时间，于是，改由打电话给分社副社长黄慧珠同志，让她立即报告王荩卿大使，建议尽快采取措施。王大使得到报告后，迅速派新闻参赞叶军前往俄罗斯外交部交涉。据说，俄外交部立即与有关部门联系，责成他们必须在当天下午3点前把青天白日旗取下。下午4点，会议秘书长打电话给我，要我去一趟，我也正打算去看看青天白日旗是否真的取下了，于是又驱车去总统饭店，见面后他很不高兴地劈头盖脸地指责道："这事是你干的吧？"我回应道："你换成五星红旗升上去不就行嘛！"

至今我也不知道，是谁打电话通报这一情况，以及时避免了可能酿成的外交事件，从中感到这是一位默默为中俄真正友好做贡献的同志，在此对他表示深切敬意。

退休后，我积极参加老朋友俱乐部的活动。中俄互为最大邻居，共同的命运把两国连在一起，有生之年不忘初心，永做中俄世代友好交往的桥梁。

    叶·弗·阿法纳西耶夫，1947年5月25日出生于顿河畔罗斯托夫。外交职衔：
俄罗斯联邦特命全权大使（1997年）。俄罗斯联邦功勋外交工作者（2016年）。

    1970年，毕业于苏联外交部莫斯科国际关系学院，同年参加工作并进入外交部
工作。1970年—1975年，任苏联驻华使馆随员；1975年—1976年，任苏联外
交部第一远东局随员；1976年—1984年，任苏联驻美国使馆三秘、二秘、一秘；
1985年—1987年，任苏联外交部主管亚太外交方向的副部长秘书；1987年，任
苏联外长办公室参赞；1987年—1992年，任苏联（后俄罗斯）驻美国使馆参赞；
1992年—1994年，任俄罗斯外交部第一亚太局第一副局长；1994年—1997年，
任俄罗斯外交部第一亚洲局局长；1997年6月—2001年4月，任俄罗斯驻韩国特
命全权大使；2001年—2004年，任俄罗斯外交部第一亚洲局局长；2004年11月—
2010年2月，任俄罗斯驻泰国特命全权大使，兼任驻联合国亚洲及太平洋经济社会
委员会代表；2010年—2012年，任俄罗斯外交部干部局局长，部务会成员；2012
年2月—2018年1月，任俄罗斯驻日本大使；现任诺瓦泰克公司董事长顾问。

    荣获俄罗斯友谊勋章（1998年）、工作三十年纪念奖章等其他奖章、嘉奖，包
括韩国、泰国颁发的奖章。2007年获得俄罗斯总统感谢信，感谢其为俄罗斯外交政
策的实施和维护俄罗斯在东亚地区利益所做出的贡献。

    通晓中文、英文和法文。

中国是我的外交生涯主要方向

叶·弗·阿法纳西耶夫

（俄罗斯联邦特命全权大使）

一、初识中国——北京（1970 年—1975 年）

我的外交生涯是从西伯利亚的赤塔开始的。1955 年时，我的父母因工作调动并搬家到了那里。有一天，我偶然在一份报纸上看到介绍莫斯科国际关系学院（MGIMO，简称"国关"）的文章。该学院被称为职业外交官的摇篮。正是这篇文章萌动了我的外交梦。当时，我距离高中毕业还有三年的时间，觉得实现上述梦想还有的是时间。于是，我开始认真准备入学考试，努力学习，特别是英语。1965 年拿到高中毕业文凭后，我即启程飞往莫斯科，连中学毕业舞会也没有来得及参加，因为国关的入学考试安排在 7 月初。

我向招生办公室提交了参加考试所必需的材料和推荐信后，也认识了一些前来应试的考生，并与他们进行了交流，开始感到有点灰心丧气。我来自遥远的西伯利亚，仅毕业于一所普通中学，而这里孩子大多就读于莫斯科的名校，他们之中甚至有很多人曾同父母长期生活在英国、美国和其他英语国家。尽管如此，我还是决定放手一搏，豁出去迎接挑战。当时有两位考官，一位稍年长，另一位则很年轻。我抽取了考题，顺利地完成了朗读和翻译，回答了语法问题。接下来是

155

自由对话环节，一位老师问："除了学校的教科书，你有没有读过课外的英文读物？"我说："当然！我的老师推荐了《让我们说英语》（Let's speak English）这本教材，它的作者是哈吉娜，我用这本教材学了两年。"此言一出，我立刻察觉到气氛产生了微妙的变化。两位考官开始相互间低声交谈，然后问我："你们在西伯利亚也知道这本教材吗？"我回答道："当然！我的老师还说，这本教材是最好的英语口语教材。"

随后两位老师对我说："这次考试我们给你打个 A，你可以去招生办公室申请免考其他科目，恭喜你考上我们学院！"我兴高采烈地走出考场，立刻被其他人团团围住，大伙儿问我老师都考了什么题。我一字不差地还原了整个考试过程。然后一位考生说："你难道不知道英语系的哈吉娜教授就是在座的考官之一吗？"我实诚地回答道："当然不知道，我在莫斯科谁也不认识。"或许我这么说，别人可能会觉得我在瞎编。

至于后来我为什么去搞中国研究和学习汉语，则是由另一位招生老师决定的（他的姓名我至今也不知道）。当招生老师问我想学什么语言作为自己的第一外语时，我回答"什么语言都行。"这位招生老师看了看我的简历，低声说道："你老家是西伯利亚赤塔州的，你们那儿挨着中国，你就学汉语吧，可以吗？"我表示同意。于是，我人生未来几十年的事业方向就这样决定了。从那时起，我在国关学习了五年，又在苏联驻中国大使馆实习了一年（1969—1970）。1970年夏天，我拿到了优秀毕业生证书顺利毕业，之后即被推荐进入苏联外交部工作，后被派至驻华使馆工作。起初是在领事部担任秘书，后来晋升为使馆随员。

到了如今这个岁数，再回过头来看几十年来我们与中国关系发展的风风雨雨（我在外交部工作48年），深感还是应该先从发生于上世纪六七十年代不平凡时期的几个故事讲起。

★ 在莫斯科举行的两国政府间代表团谈判

　　第一个故事，大约发生于1966年或1967年间。在读国关头几年时，汉语系要举办一场中国散文和诗歌的朗诵晚会，老师们亲自制作了举办晚会的海报，并将其张贴在学院最显眼的位置。要知道那个位置通常都是用来张贴校长、系主任的命令以及党委、地方委员会的公告的。通知标题用的是耀眼的大红色字体。后来我们才知道，这件事给汉语系带来了非常糟糕的后果。系主任办公室、校长办公室和校党委纷纷派人过来，可怜的老师们轮番被叫到领导那儿问话——"在国关的教学楼里张贴一份大字报，这究竟是谁的主意？"要知道当时的中国正处于"文化大革命"时期。最后，海报被撤掉了，老师们受到了批评。但晚会还是举办了，国关汉语系所有学生都很有收获。

第二个故事，发生于1972年。当时我已经在苏联驻华使馆工作了。这一年冬天，中苏就阿穆尔河和乌苏里河的航运问题进行谈判，我则被派去担任翻译。俄代表团的驻地在布拉戈维申斯克市，代表团成员们乘车直接穿过阿穆尔河的冰面就能到达对岸的中国黑河市。在1月底的一个清晨，我被代表团的同事紧急叫醒，他说，根据边防哨所传来的消息，黑河市有突发状况——整晚响彻爆炸声、导弹声、枪击声。上级指示紧急联系中方代表团，了解情况，确定谈判能否继续。之后中方的答复令人啼笑皆非，说一切如常，只是中国人正在庆祝农历新年——春节。这反映出当时苏中边境紧张的氛围，也看得出，在苏联边防哨所值守的全是一些新兵蛋子。

还有一个故事，也发生在驻华使馆工作期间。使馆当时有一项工作任务，就是定期追踪中国新闻出版中的反苏政治宣传，尤其是针对苏共领导人和苏联的批评。甚至馆里还有专门的外交官负责这项工作，定期汇总成报告，按月报回苏联外交部、苏共中央相关部门和其他部委。这项工作在当时是十分重要的，属于高级外交官和大使本人亲自抓的一项重要工作。

又有一天，我们使馆的同事带着家人一起去新侨饭店吃饭（这是一家在驻京使团圈非常有名的饭店），在一张桌子上发现了一份不知被谁遗落的《参考消息》内参。同事把内参带回使馆，经认真研究，我们才知道中方也在密切追踪苏联媒体报道中的反华宣传，并且相关情况也是每月一报。在中方的材料中，近几个月来《真理报》占据发表反华宣传文章数量的榜首，同时上榜的还有《消息报》《苏维埃俄罗斯报》，以及其他几家媒体，这份榜单的最后一名是《汽笛》（苏联道路运输部出版的刊物），这份刊物的反华文章统计数据后面只写了一个"零"。此后，《汽笛》就发表了一系列批评中国政策的"鸿篇巨制"。这几个故事，就是当时苏中关系紧张时期意识形态论战的残酷现实写照。

还有一个例子。我们的中国同事们，有些俄语讲得非常好，但那个时候他们纷纷把自己的这个才能掩盖起来。我还记得我在使馆工作的时候作为翻译陪同办公室主任去北京外交人员服务局参加会见，会见现场没有一个中国人讲俄语，全程靠我翻译。而当会见结束，我们从服务局走出来的时候，我们的办公室主任说想顺路去一趟日用品商店，可能就在服务局对面。这时一名送我们出来的中方同事，用纯正的俄语说道："不是对面，是斜对过。"这地道的俄语表达，毫无疑问，令我们所有人大吃一惊。

当然，当谈到这些负面情景时，应当说，对我和同期在使馆工作的年轻人来说也是全面认识中国，了解它的历史、文化、传统和人民的时候。更不用说还有每天的汉语练习了——不仅有口头的，还有书面的。当时的驻华大使托尔斯季科夫不懂外语，所以馆里的年轻外交官们轮流给他做翻译，中国官方报纸的重要文章也要逐字逐句做笔译，然后将内容汇报给大使。所以在北京的这段时间，我们的语言不仅词汇量大增，对中国国情也有了更为切实的了解。当时中国开展的运动，比如"批林批孔"，再比如"向雷锋学习"等，我们都有深入的了解。更让我始料未及的是，在北京常驻期间，我甚至还进修了自己的第二外语——法语。我作为使馆里唯一懂法语的外交官，凡是大使有同法语地区国家驻华使节交流的场合，总会把我带上当翻译。大使会见当时居住在北京的柬埔寨西哈努克亲王时，也是由我担任翻译的。

★ 2004 年 10 月，普京总统访华

　　在北京工作、生活的岁月还给我带来了另外一个好处，是我后来才体会到的。当时，在使馆工作的年轻外交官们，只有参加公务活动时才有机会使用使馆的车辆（现在使馆的情况已经大不相同，每个人都配了车），而在北京的生活难免会有私事，或者外出游玩需要用到交通工具的情况。为满足这种出行，我们这一批人大都学会了骑自行车。骑着自行车跑遍了北京这座城市的犄角旮旯，知道去哪儿买食品，去哪家餐馆好吃不贵。我们骑着自行车去颐和园、北海、日坛公园游玩，对北京所有好玩的地方如数家珍。在那个年代，我还有幸去过中国的几个城市，如上海和广州，还去过北戴河。对于我和我的家人来说，中国是我第一次出国常驻工作的地方，就如同初恋一般，总是念念不忘。

　　在北京工作期间，托尔斯季科夫大使认真沉稳的工作作风极大地影响了我。这位曾经担任过苏共列宁格勒州州委第一书记的老领导，是一位经验丰富的政治家，于 1970 年被派往中国担任大使。他担任驻华大使的时期，恰好是苏中关系经历困难的时期。每次使馆在撰写年终总结并报回国内前，大使都会把大伙儿召集在一起开会。公使就向他汇报说，报告已经写好，使馆所有工作小组都做了认真翔实的准备等等，而大使却说："我仔仔细细地阅读了你们写的初稿，总体上都认同，但现在我要把这份报告锁进保险箱，让它自己在里面沉淀沉淀，咱们三天后再碰个头，到时候再看看有没有需要修改和补充的地方。"神奇的是，三天过后，很多同事还真产生了新想法，有了新建议。大使指示把这些新的点子搜集起来补充进报告，在此之后才报回国内。

二、新阶段——华盛顿，多勃雷宁大使

对苏联外交来讲，中国方向复杂且重要，当时的领导人就此做出了一项特殊的规定，尽可能安排搞中国方向的专家前往苏联驻外机构中的其他大馆工作，以便能从第三国视角观察、研究形势，分析对华关系的前景。因为这个规定，别雷大使曾在纽约工作过，莫尔古洛夫大使曾在旧金山干过，而我在十三年间也曾两度赴华盛顿工作（分别是 1976—1984 年和 1987—1992 年）。对我来说，这是一段非常难得的经历，我得以从第三国的视角去观察中国。我在第三国结识了研究中国问题的众多著名学者、专家，真是难能可贵啊！深入研究美国对华政策——这在当时是一个非常热门的调研方向。外交部让我做使馆主管中国方向研究的二把手（主管同事是著名汉学家、使馆参赞特里福诺夫）。在我们之前的几年期间，是时任一秘的罗高寿在华盛顿负责，后来他成为苏联副外长和驻华大使。

所有在驻美使馆常驻的外交官，都要经过多勃雷宁大使的亲自挑选。由相关部门提供拟任候选人员名单，大使回国时亲自与候选人一一面谈，包括我在内。当时，多勃雷宁大使面前摆放着我的简历，他当着我的面仔细地读一遍，然后提了一个十分尖锐的问题："我看

你在北京工作过五年，不错！这里还写着你会汉语和法语，英语怎么样？去美国工作没问题吧？"我回话道："我在国关读书期间没有拿过英语专业的证书，但我中学起就开始学英语，基础还不错。在大学读书期间也一直坚持自学，不过确实没考过什么证。"大使立刻说："那我来考考你吧！"

大使从他的大公文包里抽出一份很长的英文文件，翻开一页后对我说："翻译一下吧！"我看了一眼，立刻认出这应该是限制进攻性战略武器条约的草案。这份文件的内容是纯技术性的，比如文件中提到了好几个战斗部的导弹、导弹性能参数等等，我大概翻译出了70%的内容。这篇文章翻译起来真是不容易。然后，多博雷宁大使说："你的英语底子确实不错，但在华盛顿工作期间还应该进一步提高。要多看新闻，多查字典，多看电视，多实践。我觉得你能胜任在华盛顿的工作。"

就这样，我通过了多勃雷宁大使的面试。在这位杰出外交家的领导下，我度过了既有意义、又有意思的工作时光。对华关系和亚太地区局势，一直都是驻美使馆开展外交工作的重要内容之一，该项工作由多勃雷宁大使亲自抓。巅峰时期，驻美使馆亚洲组的外交官人数多达五六名，其中包括现任国关校长、大使、著名朝鲜问题专家托尔库诺夫院士。我们的工作由大使最亲密伙伴、当时的公使衔参赞别斯梅尔特内赫主管，后来他成为驻美大使和苏联外交部长。

多勃雷宁每天都给年轻的外交官们上外交实践课，手把手教我们如何同工作对象建立和保持信任关系、如何同媒体打交道等等。让我记忆犹新的是，在我刚开始赴美工作的一个清晨，使馆的年轻人们收到了一份由大使签批的指示，要求我们重点关注美国报刊上的有关文章和报道。这是大使在给我们布置调研题目，指示要与相关的专家、学者接触交流，汇总成报告后提交给他。

多勃雷宁大使常同我们念叨在美外交工作期间经历的一些大事件，

如古巴导弹危机。在具体工作上，大使一贯教导我们要实事求是，在向莫斯科报回的电报中，要完整、准确地报告谈话内容。要同外方广泛接触和联系，深入、全面了解主管方向的情况。几乎所有曾在"多勃雷宁学校"学习过的外交新兵，在以后的职业生涯中都发展得相当不错，有的当上了驻外大使，有的成为杰出的学者，还有人成为著名的国际问题专家。多勃雷宁还是最早断言中国将在国际事务中发挥越来越重要的作用，建议苏联必须要实现同中华人民共和国的关系正常化的领导之一。

　　大使在研判未来世界发展走向方面更显天赋异禀。早在2008年，他就前瞻性地断言，俄罗斯发展的第一阶段已经结束，随之还有同西方、特别是美国迅速结盟的"奢望"也已破灭。他指出，俄罗斯步入新的历史发展阶段，即调整同其他国家关系的阵痛期后，这一进程如何发展将取决于美国是否愿意承认俄罗斯在国际事务中与美国享有平等的地位。此外，多勃雷宁警告说，在西方国家精英阶层之中，不仅有相

★ 2003 年洛休科夫"领导"的汉学家之声合唱团在中国驻莫斯科大使馆演出

当庞大的群体反对我们以前的社会制度，甚至还有一部分人不希望看到俄罗斯作为一个强大国家的存在。他指出，在西方，人们总能听到这样的声音——强大的俄罗斯将是一个不可控的危险对手，北约应利用俄罗斯的"弱点"，填补与俄罗斯毗邻的东欧地区的真空。后来发生的事情也完全印证了多勃雷宁大使的预判。

当今的国际形势发展表明，在制定一国政策时，必须要考虑上述所有重要因素，这不仅对俄罗斯是如此，对中国也是。俄罗斯和中国作为日益发展、壮大的全球性主要大国，是不争的事实。但两国非但没有被美国的权力阶层视作构建公平世界秩序的伙伴，反而被视为通往其主宰世界道路上的威胁。对美国和整个西方世界来说，同俄罗斯和中国对抗并非明智的选择，相反，西方则应该想办法同两个国家建立平等、互利的合作关系，同时必须尊重俄、中的合法权益。

在我赴美国常驻的第二个任期（1987—1992年），恰逢苏联解体和新俄罗斯成立之初的动荡时期。我有幸在杜比宁、别斯梅尔特内赫、科姆普列克托夫、卢金等著名大使的领导下工作，他们都曾主管驻美使馆亚洲组的工作。我们这个组，不仅负责分析对华关系，还研究其他亚洲国家（朝鲜半岛、东南亚、日本等国）。这对日后我在相关领域开展工作带来了巨大的裨益。

在美国的工作，还给我带来另外一份宝贵的财富。在华盛顿常驻期间，我们与时任中国驻美大使馆参赞张德广成为比较熟悉的朋友（我们曾相识于莫斯科）。在华盛顿期间，我同他主管的工作是对口的：我调研美国与中国的关系状况，张德广调研美国与苏联的关系。在每个工作场合，我们之间总有很多话题可以讨论。此外，我们两个家庭之间也建立起深厚的友谊，这份友谊伴随我们走过了几十年的时光。后来我的老朋友张德广担任了中国驻俄罗斯大使和上海合作组织秘书长，而我则先后两次担任外交部第一亚洲司司长，中国方向正是该司工作的重中之重。

三、在苏联副外长办公室工作时期（1985—1987 年）

1985 年，我结束在美国的常驻，离任回国，意外地获得一个新的工作，担任外交部副部长贾丕才的办公室主任。贾丕才是一位著名的外交家和学者，此前曾给最高级别的领导人当过中文翻译（他甚至给斯大林都做过翻译）。我接替了他的前任秘书洛休科夫的工作。洛休科夫是一位经验丰富的助手，曾在苏联外交部第一副部长库兹涅佐夫、苏联驻美国大使多勃雷宁多位领导的办公室工作过，我从他那儿学到了很多东西。贾丕才副外长本人也对我们说过，他之所以能干到副外长这个位置，都是助手洛休科夫的功劳，洛休科夫谙熟外交部机关的工作，以及同其他部委打交道的方式。

贾丕才的工作方式、方法，也非常值得我们学习。他每天都到得很早，不时就去第一远东司和东南亚司的老同事和朋友那儿去待会儿，回来就开始批阅文件，与司局领导们谈话，处理各种文件，下达指示，召集各部门负责人到他的办公室，口授外交部拟上呈给国家领导人的请示和官方声明草案，接待外国使节。贾丕才的来访者从早到晚络绎不绝。他除了是一名外交官，还是一位著名学者和以讲课生动有趣著称的大学老师。他总是抽出时间接待每一名来访者——同事、学者、学生，还有等着论文答辩的博士生、作家以及自己的老朋友。他总是想方设法能帮助到每一个人。我在贾丕才办公室工作的第二天，他就带我去拜访了苏联外长葛罗米柯的大秘书马卡洛夫，他在外交部可是一位大人物。大家都说，部里的同事们对这位秘书的畏惧甚至超过了对外长本人，许多人称他为"瓦西里雷帝"。

贾丕才把我带到马卡洛夫的办公室，说道："瓦夏（他们是老朋友），这是我的新秘书阿法纳西耶夫，你可得关照点儿，不要为难他！"马卡洛夫嘀咕了几句，但从那以后，我跟他打交道时从未发生过什么不愉快。贾丕才在外交部就是具有这样的权威。

尽管当时双方意识形态争论的火药味很浓，但贾丕才却是苏联外

★ 2013 年，俄罗斯驻华使馆大使小组的聚会

交部最早意识到必须尽早实现苏中关系正常化的外交官之一。那时，贾丕才多次作为驻华大使的客人前往北京，同中方高级别官员会见。这些访问向中方释放出一个信号，即我们愿意朝着双边关系正常化的方向持续推进。随后，中国外交部的高级别官员们也开始访问莫斯科，中方采用的也是"大使客人"这一访问形式。贾丕才非常重视恢复与中国的边界谈判，密切关注伊利切夫代表团访华以及两国外交部磋商机制的筹备情况。

在贾丕才的领导下，我们恢复了与中国驻苏联大使和使馆工作人员的非正式会晤。这些接触常常在外交部的"梅谢林诺"乡间别墅举行，该别墅位于风景如画的帕赫拉河畔。除了共进午餐和森林漫步，贾丕才还邀请中国同事们体验俄式桑拿。但我们意识到，并非所有中国外交官一上来就愿意脱光衣服，用我们的话说，"像在娘胎里一样赤裸"

蒸桑拿。当着我们的面，中国大使不得不指派人员去蒸浴。但后来发现，我们的中国同事喜欢上了这种洗浴方式。他们在莫斯科的使馆里安装了一个非常好的桑拿房（旁边还有一个游泳池），一些非正式的交流活动就安排在那里举办。一边蒸桑拿，一边交谈，正如我们的同事所讲，在这样的氛围中"双方可以赤诚相待"。

贾丕才先生积极支持安排中国驻莫斯科大使和使馆工作人员到苏联各地考察访问，帮助他们熟悉各地生活、了解实际情况。中方也组织苏联代表团前往中国各省份，这其中不仅有使馆工作人员，还有著名经济学家、学者和官员代表。中国的改革成就和经济的快速增长，都给他们留下了深刻印象。

贾丕才善于将外交实践与学术研究相结合，他经常在"知识"协会做讲座。在"梅谢林诺"举行的一次非正式会议上，中国大使曾好奇地问："贾丕才同志，您的月薪有多少？"贾丕才回答说："当副部长能拿 500 卢布，担任莫斯科国立大学系主任拿 500 卢布，作为国际关系专业的讲师也能拿 500 卢布"。这在当时可是一大笔钱，中国大使感叹道："那您真是一位名副其实的新资本家！"

离开外交部以后，贾丕才仍在继续积极从事中国和东方问题的研究，担任俄罗斯科学院东方所所长、俄罗斯科学院通讯院士、《今日亚非》杂志主编以及多家学术期刊的编委，并积极热心社会活动。在他去世后，新加坡外长做出的一段评价给我留下了非常深刻的印象。他说，"我们知道贾丕才先生也有人性的弱点，但这不妨碍他是一位杰出的外交家、一个伟大的人这一事实"。他的确是这样一位伟大的人。

四、俄罗斯在台湾问题上的原则是怎样形成的

1992 年，我与第一亚太局的同事库利克（后来他担任了外交部第一亚洲局局长、驻韩国大使）一起，直接参与了 1992 年 9 月 15 日俄罗斯总统《关于俄罗斯联邦与台湾关系》法令的起草工作。这个问题

之所以突然变得棘手和急迫，是因为在苏联解体后的新俄罗斯出现了许多不同的声音："我们同中国走的不是一条路！""与中国的关系对俄罗斯来说似乎丝毫不重要，因为现在我们的主要价值观在西方"等等。甚至有些人还认为，俄罗斯应该解冻正处于"冻结"状态的对台关系，因为台湾有投资，有技术，也有同俄罗斯建立官方关系的意愿。各种各样的特使，包括叶利钦在斯维尔德洛夫斯克州委工作时的亲信，不同外交部打招呼就跑到台湾那边去，这让当时的形势更加困难复杂。

外交部深知，俄罗斯同最大的邻国中华人民共和国的政治关系绝对不能受到损害，同时要确保与台湾的贸易、经济、文化和其他非官方关系的有序发展。因此，我们建议紧急以俄罗斯总统令的形式明确俄方在该问题上的立场。获得外交部领导的支持后，我们用了短短几天时间就迅速起草了一份法令，征求法律专家的意见后，提交给总统审批。我们的主要立场是：世界上只有一个中国，中华人民共和国政府是代表中国的唯一合法政府。台湾是中国不可分割的一部分。叶利钦总统一字未改地批准了这一法令，并做出指示，俄罗斯联邦不与台湾建立官方关系。该法令中有一条内容非常重要——俄罗斯在台湾有可能设立的所有代表处以及台湾在俄罗斯有可能设立的代表处均为非政府机构，不具有国家机构的地位、职权、豁免和待遇。俄罗斯外交部负责监督该法令的执行情况，并有权（根据政府决定）暂停任何违法设立的机构的所有活动。叶利钦总统立即签署了该法令，该法令对俄罗斯联邦所有部门都具有约束力。

我至今仍认为，这一法令犹如及时雨，明确了俄罗斯在对俄中关系上所有至关重要的问题上的原则立场。正如各位所知，俄罗斯外交政策中的这一原则性方针得以写入于 2001 年 7 月 16 日签署的《俄中睦邻友好合作条约》，以及俄中其他重要双边文件中，并得到严格地贯彻执行。

五、俄罗斯总统访华，"战略协作伙伴关系"的新提法，罗高寿大使的作用

叶利钦总统在 1996 年 4 月访华期间发生了一件大事，标志着俄中关系发展进入一个全新水平。当时任俄罗斯外交部主管亚太方向的副部长是帕诺夫，我担任第一亚洲司司长。鉴于即将举行的俄中高层交往意义重大，我们就访问进行了充分的政治准备，将成果文件及时上呈至了时任外长普里马科夫处审批，再由他报送至总统。我们同中方商定了一份内容非常丰富的领导人联合声明草案，其中的每一句话都是经过双方的深思熟虑、再三斟酌。离开莫斯科启程飞往中国前，我们的领导们对这份声明草案没有提出任何意见，在飞往中国的途中，叶利钦总统计划顺路考察哈巴罗夫斯克市，在那里见一见西伯利亚和远东地区的地方长官，第二天再飞北京。

我们和帕诺夫副外长以及代表团的其他成员一起，乘坐先遣飞机飞往哈巴罗夫斯克。帕诺夫和我不用参加与地方长官的会晤，我们在机场等候迎接载有叶利钦总统和普里马科夫外长的专机抵达。飞机到了，地方长官在机场迎接总统，总统车队随后驶向市区。跟着总统身后走下飞机的普里马科夫部长在飞机舷梯口就把我们叫到了一边，说有一件非常紧急的事情要找我们处理。他说，在飞机上代表团成员同叶利钦总统一起再次研究了作为访华成果的联合声明文本草案，鉴于俄中双边合作近年来取得不少积极进展，于是他本人便向总统建议要提升对俄中关系水平的定位，即在声明文本中加入关于将两国关系提升到"战略协作伙伴关系"水平的表述。普里马科夫部长指示说，你们"立即联系驻北京大使罗高寿，责成他在总统到达之前同中方紧急协商我们的这一建议"。我们当即回复部长，将立即将这一新情况转告罗高寿大使。但坦率地说，能否在一个晚上同中方就该修改建议达成一致，我们心里实在没底，毕竟之前的文本内容是我们同中方团队们磋商了不止一两天的，文本的每字每句都是经过双方同事们认认真

真地再三斟酌、反复推敲与核对的，并且该文本已经中方正式上报通过了。普里马科夫外长严厉地看着我们说："这是总统的指示！立即去办，并向我报告！"。然后，他就离开了。

我和帕诺夫立即赶往酒店，先是同俄罗斯外交部联系，口授了拟发给罗高寿大使的电报内容，又给驻北京使馆打了电话。现在我们能做的只有等待大使那边的消息。一直到总统的专机启程飞往北京前，整个晚上加一个早上我们都没能等来任何消息。我和副外长又是乘坐先遣航班，先于总统专机降落在了北京的首都机场，直接停在了专机楼区域，在那里我们要走下舷梯见前来迎接的人员。我们透过舷窗看到，罗高寿大使在一排迎接人员队伍前不停地来回踱步。我对帕诺夫说，伊戈尔·阿列克谢耶维奇看样子是迫不及待地想同我们汇报什么。果然，我们刚一走下舷梯，罗高寿就郑重其事地对我们说："今天晚上中华人民共和国领导人批准了我们提出的关于'战略协作伙伴关系'的表述，同意将这一双边关系新定位写入联合声明！"这是一个令人欣喜若狂并且感到十分骄傲自豪的消息，因为我们完成了领导交办的紧急任务，中国领导人也支持我们提出的对双边关系的新定位表述！说到这儿，不能不赞美我们的驻华大使罗高寿，多亏了他本人及驻华使馆的同事们同中方关系好（顺便说一句，当时使馆的公使衔参赞是杰尼索夫），还要感谢中方外交部的同事们，他们能如此迅速地向国家领导人报告俄方的新提议，并在一夜之间完成了各种协调工作。

在此，我还想着重谈一谈罗高寿大使为俄中关系发展做出的重要贡献。罗高寿大使是在我国历史上和俄中关系发展过程中一个非常困难和关键的时期被派往北京工作的，在中国享有很高的声望。他在中国当了13年大使（1992—2005年），前后共计在中国工作了20多年。他是这一时期双边关系中所有重大事件的亲历者。从事对华外交工作，罗高寿可以说是家学渊源（他的父亲是著名的汉学家），大使展现出了高超的外交艺术，是所有在他手下工作过的人的导师和榜样。他是一位出色的中国语言、历史、文化、传统甚至中医的行家里手。我记得在上世纪 90 年代，俄罗斯国内并不是所有人都理解我们与中国关系的重要意义，他经常打电话给我（我当时是外交部一亚局的局长），非常严肃地要求我尽快去弄清楚，为什么俄罗斯报刊上会出现"反华文章"，这是什么人搞的？针对我国存在这样的"民主媒体"状况和我们管不了他们的解释，他一概不能接受。此外，罗高寿大使的贡献，突出反映在俄罗斯对亚洲外交政策的各个重要领域，如与中国的边界问题、朝鲜半岛局势问题、柬埔寨问题等等。

罗高寿的工作风格还有一个特点。我不止一次地注意到，大使会把所有重要的俄罗斯访华代表团团长邀请到使馆去做客。在客人抵达北京机场后，大使馆就会通过接机人员发出邀请。我也有机会参加这些"座谈"，通常会安排在大使官邸共进午餐或晚餐。坦率地说，起初我也想不明白，大使为什么要对方方面面的代表团都花费这么多心思，不惜牺牲很多个人休息时间。后来我才懂得，罗高寿是要搞清楚，俄罗斯客人们来北京到底是为了什么，他们打算见谁，是否要就日程安排会见什么人提出一些补充建议。大使还就如何同中方同事们打交道、共同开展工作提出建议，介绍中国国内形势和俄中关系大事。他在北京工作的整个期间都在坚持这样做。我作为亲历者，亲眼见证了大使这一工作作风带来的实实在在的好处：这些团长们在会谈、会见时所谈的往往不是谈参上事先准备好的内容，而是罗高寿大使建议他们去谈的东西。

罗高寿精通中文。他同我分享过这么一个故事。1986 年他陪同朝鲜领导人金日成乘火车访问苏联和东欧，从符拉迪沃斯托克到莫斯科，又从莫斯科返回符拉迪沃斯托克，他的中文特长还意外地在这趟旅行中派上用场。金日成喜欢每到一站就下车散散步。罗高寿这时便会陪在旁边。金日成的秘书跟在他们后面，把他们的谈话内容（他们用俄语交谈）仔细地记录在笔记本上。突然，金日成换成了他也讲得很好的中文，接下来的对话就都转为中文进行了。那时就发现，金日成身后的秘书满脸困惑，甚至有点恐慌，手头也停止了书写记录。当列车开动后，这位秘书同志在车厢立刻找到罗高寿，说自己听不懂中文，没办法整理领导人所有的宝贵指示。"帮帮我吧，罗高寿同志！"他诚恳地乞求道，"否则我就完蛋了！"罗高寿说自己当然帮了他，复述了当时的谈话内容，还建议这位秘书立即开始学习中文。正如罗高寿一直以来反复所强调的，中文是一门对我们所有人，以及未来整个人生都是非常重要的语言。

罗高寿还向我讲述过一个发生在 1989 年的戏剧性一幕，当时他正率领俄罗斯代表团参加与中方代表团的边界谈判，为即将于 1989 年 10 月举行的下一轮谈判做准备。当时的苏联外长谢瓦尔德纳泽接见了他，说在即将举行的中央政治局会议上，请罗高寿就边界谈判的进展和前景向政治局委员们作汇报。罗高寿问谢瓦尔德纳泽，是否有必要介绍几个最难谈的边境地段的折中解决方案？谢瓦尔德纳泽回答说："在政治局面前就有什么说什么。"

罗高寿说，根据这一指示，他向政治局详细报告了谈判的形势和前景，并准备回答党的最高领导成员可能提出的问题。出乎意料的是，总书记戈尔巴乔夫第一个开始讲话。他对报告提出了严厉的批评，尤其是关于要不要在几个最难谈的边境地段寻求折中解决方案那一部分内容，即涉及哈巴罗夫斯克附近的几个岛屿和帕米尔地区。戈尔巴乔夫继续说，是谁允许外交部去谈什么妥协的？告诉中方，在目前条件下，不可能采取任何举措去改变这些地区的边界！从现在起，外交部在工作中应严格遵守这一点。然后，他问政治局委员们是否还有其他意见或看法。所有人都沉默不语。罗高寿回忆道，尤其让他感到特别吃惊的是，谢瓦尔德纳泽部长当时也是一言不发。

罗高寿告诉我，他回家时情绪很低落，晚上几乎没怎么睡着。他觉得第二天可能就会被解除边界问题谈判代表团团长的职务，甚至可能会被外交部辞退。但这一幕并没有发生，谢瓦尔德纳泽甚至连电话都没打一个。罗高寿说，他清楚地意识到，政治局发生的一幕很可能是戈尔巴乔夫事先设计好的一场政治表演，他想借此向政治局其他成员展示他捍卫国家利益的坚定立场。

然而，国家领导人关于与中国谈判的新态度与此前对代表团的指示形成鲜明反差。这就要求罗高寿本人更多地发挥其外交技巧，以消除谈判中可能出现的破裂。罗高寿明白这一切，他没有在 1989 年 10 月代表团全体会议上，而是在很小范围内，即与中国外长钱其琛单独会晤时，陈述了戈尔巴乔夫所讲内容。罗高寿着重强调必须巩固在东段和西段谈判已取得的成果，至于其余未达成一致的地段将继续谈判。这在一定程度上缓和了紧张气氛，也显然在解决这些复杂的问题上浪费了时间。

罗高寿大使还有另一个重要魅力，是他对自己的职业、对同事和朋友以及整个外交部的工作的奉献精神。外交部曾于 2011 年举办了一场晚会，共同缅怀我国另一位著名外交官索洛维约夫大使（他是一位杰出的日本问题专家，曾在 1991 年至 1992 年初的困难时期担任驻华大使）。当时，作为外交部干部局局长，我奉命在部里大厅等待迎接前来出席活动的罗高寿大使，并陪同他前往活动举办地。当时罗高寿在联邦委员会工作，可天有不测风云，他在莫斯科意外遭遇车祸受了重伤，只能在助手的帮助下坐着轮椅出行。当我在外交部门口见到他时立即表示歉意，在这种情况下还邀请他来出席活动确实给他带来了不便。罗高寿立刻反驳我："怎么会！索洛维约夫是我的老战友和老朋友。今天我不能不来，我一定要在这个晚会上讲话纪念他。这座大楼我也不能不来，我的整个人生都与这个大楼紧密相关，我的同事们、我的朋友们全都在这儿。来到这里，我总觉得干劲儿十足，总有一种把日子过得更好、工作干得更好的那种冲动。"

罗高寿大使一生忠于自己的事业，敬畏职责，对朋友和同志忠诚不渝，为所有外交官们树立了光辉的榜样。

六、俄罗斯对华外交政策

我想同大家分享一段 1997 年我在一次有关中国问题会议上的发言，那个会的主要议题是讨论俄罗斯对华政策上拟采取的若干方针。虽然三十年过去了，我还是想在本文中引用当时我在发言中阐述的几个观点，因为我认为它们在今天仍具现实意义。

无论是现在，还是未来，大力发展同中国的关系都应该是俄罗斯外交政策的主要优先方向之一。原因主要有以下几点：首先是中国的快速发展。中国在全球范围内作为经济、政治和军事强国的地位正稳步提升。有人认为中国是 21 世纪的超级大国。在过去 15 年里，中国的国内生产总值翻了两番。据估计，按照目前的发展速度，中国在不久的将来，其国内生产总值将超过日本，然后是美国。同时，中国的军事力量也将不断壮大。还需认识到，中国的增长主要得益于其内生动力。世界上没有任何一个国家能够阻止或减缓这一进程。这也是包括俄罗斯在内的所有国家，都必须清醒认识到的客观现实。

其次，随着中国逐渐成为国际格局中的重要一极，也将遭遇越来越残酷的竞争，首当其冲是来自于美国的竞争。美国将继续奉行对中国的遏制方针，并不断寻求颠覆中国社会经济体制的机会。当然，也少不了来自日本的竞争，毕竟日本一直想要在亚洲老大的位子上坐稳。

第三，可能也是最重要的一点，与中国的关系对俄罗斯具有特别的战略意义，甚至比美国和欧洲更重要。中国是俄罗斯搬不走的近邻，两国共同边界线绵延 4300 公里，是世界上拥有最长共同边界线的一对邻国。在当前环境下，同中国发展正常的睦邻友好关系，对俄罗斯国内经济改革、国家安全和远东地区的发展来说，都是重要的先决条件之一。

此外，还有一系列其他的重要原因，如西方不断加强对俄施压，包括北约东扩，还有同美国的复杂关系等等。俄罗斯也好，中国也罢，都在积极寻求进一步深化在双边和国际事务中的全方位合作，这不仅有助于加强两国各自在国际事务中的地位，还有助于提升两国人民的福祉。

在此背景之下，对于俄罗斯来说，同中国发展正常、平等、不受过去意识形态扭曲的睦邻友好关系，全方位开展合作和加强战略伙伴关系是俄外交方针中的不二之选。一个稳定、富强和不断发展的中国对俄有利。同样，一个稳定、富强和发展的俄罗斯，同样也对我们的邻居中国有利。

举例说，近年来，积累多年并可能导致俄中关系出现问题的敏感因素逐渐被消除。事实上，我们一直并还在继续摆脱关于我们关系"相互威胁"的流行论点。只要列举为此采取的重要步骤就足以说明问题了。例如，《关于相互不瞄准战略核导弹的协定》（1994年）、《关于在不使用一般军事力量的情况下不首先使用核武器的承诺》（1994年）、《关于在中国与俄罗斯以及哈萨克斯坦、吉尔吉斯斯坦和塔吉克斯坦边境地区加强军事领域信任的协定》（1996年）。没过多久，我们又签署了一个更大的文件，即在上述国家边境地区相互裁减军事力量。这是历经7年谈判的结果。这项工作的另一个重要方面是，这些协议是独联体四个国家与中国密切合作的具体结果。

不得不提的是，参加与中国边界问题谈判的联合代表团工作的有不少都是独联体声名显赫的人物，比如，现任哈萨克斯坦总统托卡耶夫（时任副外长），时任吉尔吉斯斯坦的副外长、著名作家艾特马托夫之子阿·艾特马托夫，时任塔吉克斯坦总统助理拉赫马图拉耶夫等等。最终，在俄罗斯的协助下，在与中国的共同努力下，妥善解决这些国家与中华人民共和国之间绝非简单的所有边界问题。这些的确是一件巨大的历史成就，及时消除了俄罗斯和独联体国家与中国邻国关系上的危险因素。在此要衷心感谢的是所有参加多年边界谈判的俄罗斯和中国同事们，他们为此付出了艰辛的劳动并取得了具体成果。

当然，在这一问题上发挥最关键作用的还是五国领导人，他们在

解决这一困扰各国关系发展多年的棘手复杂问题上勇于做出政治决断，极具政治智慧。

七、普京总统访华，最终解决边界问题：就哈巴罗夫斯克区段达成协议，与地方当局的工作不易。

2004年10月，俄罗斯联邦总统普京对中国进行历史性访问。2004年10月14日在总统访问期间签署的俄中国界东段补充协定、《关于俄中船只在塔拉巴罗夫岛和博利绍伊乌苏里斯基岛地区（黑瞎子岛地区）周围水域航行的议定书》，以及关于俄罗斯和中国之间现有协议适用于俄中国家间边界新划定部分的政府间备忘录，就其本身而言不仅是两国的最重要协定，实际上还标志着结束了就解决这个复杂、曾觉得无法解决的问题的四十多年谈判历程。

为使双边关系正常化，改善总体氛围，消除相互不信任，以及许多现实存在的和人为障碍，双方走过一段不平凡的道路。当前的良好局面是由几代领导人、政治家、外交官、官兵战士、边防军人、学者、地方政府经过不懈努力换来的。这个过程时而曲折，时而中断，时而在边界谈判中更换代表团团长。谈判启动于1964年，苏联派出了边防军司令泽里亚诺夫上将担任团长。那时双方已原则上商定，阿穆尔河和乌苏里河的边界将按照国际法准则规定，通航河流以主航道中心线为界，不通航河流或其主分支流以河道中心线为界。然而，当时双方未能就哈巴罗夫斯克地段（黑瞎子岛）的归属达成一致。当时的苏联领导人赫鲁晓夫拒绝让步，并指示如果不按苏联的立场划定哈巴罗夫斯克地段的归属，就不要在整个边界东段达成协议。这使整个边境地区的局势日趋紧张，边界冲突频发，直至1969年爆发珍宝岛武装冲突。

直到1969年秋天，周恩来总理和苏联总理柯西金在北京机场候机楼会晤（"机场会见"）后，边界谈判才得以恢复。苏联方面，谈判代表团由经验丰富的外交官、苏联外交部副部长库兹涅佐夫率领。后来，

黑瞎子岛位于　北纬48°17′至48°27′　东经134°24′至135°05′

★ 2024 年 7 月 6 日，中俄双方老朋友（图中为阿法西耶夫）一起考察黑瞎子岛

苏联(俄罗斯)代表团团长先后由外交部副部长伊利切夫和罗高寿担任。此外，困难的、有时是非常艰难的谈判历经几个漫长的阶段（1969—1978年和1987—2004年）。众多苏联（俄罗斯）高级外交官、军队领导、边防军、国际法专家、著名学者、汉学家（齐赫文斯基和米亚斯尼科夫等），以及一流的翻译都先后参与到代表团的谈判工作之中。

事实证明，如果不是俄罗斯总统普京做出了指示，双方仍无法在哈巴罗夫斯克地段的归属问题上找到一个折中方案（以前的苏联及俄罗斯领导人还从未有人勇于做出这样的决断）。结束最后阶段具体谈判的俄罗斯代表团由外长拉夫罗夫亲自率领，我方主要谈判代表中还有基列耶夫大使和一批经验丰富的专家团队（魏列夏金、沃罗比约夫和罗什科夫等）。

经过1987年至2004年的艰苦谈判，两国签订了几乎能覆盖俄中边界全线的所有重要协定，如1991年5月16日签订的《关于苏中国界东段的协定》，覆盖从蒙古到朝鲜段（哈巴罗夫斯克地段除外）；以及1994年签订的《俄中国界西段的协定》，覆盖从蒙古到哈萨克斯坦段（55公里）。在这些协定中，双方立场没有分歧。巧合的是，根据随后的俄中国界东段划界结果（这项工作也是在基列耶夫大使的带领下开展的），2444个岛屿和沙洲中有1163个归俄罗斯（总面积为886平方公里），1281个归中国（总面积为851平方公里）。也就是说，还是大自然构建的地貌将这些岛屿平分给了俄中两个邻国。从前的"无人岛"有了合法归属，俄中双方各得其所，互无损失。

我不想过多谈论解决哈巴罗夫斯克附近岛屿归属问题的细节（它们是众所周知的，特别是两国议会随后批准了补充协议并生效），只想同大家分享几个我曾亲身经历的故事。很长一段时间以来，事关苏联国家边界的所有问题，都只能由莫斯科的中央拍板。但2004年签署的协定则不同，这一协定不仅事先由外交部向其他有关职能部委征求意见，还后续征求了相关地方政府的意见。一些地方官员甚至直接参加了两国之间的谈判，并参与了随后的划界工作。

然而，外交部与地方领导人和俄罗斯边境地区居民进行的解释工作也不容易。在地方上，不是所有人都能认识到划定两个邻国之间准确边界线、找到一个双方都能接受、有时甚至是要作出妥协的重要意义。这里有一个例子。2004年10月，发生在人民大会堂的一幕就给我留下了深刻的印象。普京总统访华的正式欢迎仪式马上就开始了，仪仗队和军乐团已经就位，一切都已准备就绪，俄中双方的代表团成员正在等候领导人的到来。时任总统外事助理普里霍季科手里拿着一份关于签署俄中国界协定的总统批示，紧急找到俄罗斯某一边境地区的领导，普里霍季科对后者说，所有人都在上面画圈了，就差你的了。可这位领导就是不想画上这个圈，逼得普里霍季科说出了下面的话："如果你现在不画这个圈，我就向总统报告，是你搞砸了这次最重要的访问。"被逼得实在没办法，这位领导只好称自己没有钢笔（所以画不了这个圈）。最后，还是我身上的一支钢笔派了大用场，在这个文件上完成最后一项会签。

我同大家分享这个小插曲就是想告诉大家，由外交部同中方谈判是俄罗斯总统的授权，但在实际工作中我们经常遭遇到明里（包括媒体上的）和暗里的阻挠。各种所谓"专家、学者们"在俄罗斯媒体上不时发表了一堆有失文明和诽谤性的文章，攻击基列耶夫大使，甚至呼吁要把大使送上法庭。

我还想到另外一段往事。还有一位地方上的领导曾在媒体上强硬发声，反对给予中国船只在流经俄罗斯、中国和朝鲜的三国界河图们江的自由航行权利，时任外交部长普里马科夫邀请这位地方领导人来外交部谈话，并要求我也要到场。两人进行了一番谈话，火药味十足。这位地方领导人很尖锐地提出，给予中国船只在图们江自由航行的权利将导致今后中国的"远洋船"可以由此实现出海，符拉迪沃斯托克港将走向落寞荒废，许多俄罗斯人将会因此失业。听到这，老实说，

★ 作者夫妇在张德广家作客（左 2 是现任驻俄大使张汉晖）

我实在听不下去了，我打断他，讲了几个常识："图们江的平均水深只有 70 厘米，能有哪门子的远洋船能由此出海？在图们江上航行的也就只能是一些小艇和小帆船。还有在边境河段航行的权利是由国际法赋予的。"这位地方领导人听完我的话后就不吭气了，但转头去对普里马科夫部长说："部长先生是一位德高望重的国务活动家，那就听部长的。"这次谈话就这样结束了。

当然，我们知道，在同俄方谈判的过程中，中方内部也有不同的意见，甚至出现对立，但最终两国领导人做出了唯一正确的决定：消除在双边关系中的边界问题的障碍，将俄中边界变成和平、友好和合作的纽带，这一点无论是现在和将来都不会发生改变。

2004 年 10 月 14 日至 16 日，俄罗斯总统普京访华，两国元首按照事先商定的文本共同发表联合声明，指出两国就俄中边境两块未

★ 老朋友们的聚会：莫尔古洛夫夫妇、李辉夫妇、张德广夫妇和阿法纳西耶夫夫妇（从左到右）

协商一致地段的边界线走向问题达成协议，是政治双赢的均衡合理的方案。声明中还写道："俄中边界问题的解决，是两国人民世代友好、睦邻合作的可靠保障，是对亚太地区及世界的安全与稳定做出的重要贡献。"双方的经验表明，和平对话、公正公平、平等协商、互谅互让、利益均衡是解决诸如边界问题这样复杂而敏感问题的唯一正确和有效途径。俄罗斯和中国的这一经验，为世界上许多其他国家树立了榜样。

在结束这段内容时，我想说，2004年10月俄罗斯总统访华是我在中国方向的外交工作的最后阶段。此后，我去了曼谷和东京，先后担任了驻泰国大使（2004—2010年）和驻日本大使（2012—2018年），其间还当过一段时间的外交部干部司司长（2010—2012年）。无论是在曼谷、东京，还是在首尔，我都同驻在国的中国大使们建立了良

好的工作联系，结下了深厚的个人友谊。驻在国的对华政策同样也都是我们工作的重要内容之一。

八、翻译

谈及俄中高层交往，有一批不怎么出现在台前的幕后英雄也做出了重要贡献，那就是双方的翻译。

1995 年 5 月 9 日，在莫斯科红场举行的纪念卫国战争胜利 50 周年阅兵式上出现的一个插曲，就能非常生动地证明翻译的重要作用。各国领导人都坐在主礼台上，其中有美国总统克林顿（身边没有翻译，这个故事是一位礼宾局的同事告诉我的）。美国总统打算同他旁边的一位国家领导聊几句。于是，他问道："您的夫人还好吗？"这位国家领导人沉默了一会儿，然后也用英语回答说："Weather in Moscow is very good！"（莫斯科的天气非常好）之后，两人都陷入了沉默，再也没有尝试相互交流。

我讲这个故事，是想强调说明，领导人身边配备高素质翻译是多么重要。俄中双方领导人身边都配备了高水平的俄汉高翻，俄方有顾达寿、白金林、巴尔斯基、帕列茨基、洛格维诺夫、法捷耶夫、沙库拉，中方的高翻有宫建伟、张喜云、范先荣、田二龙、朴扬帆。巴尔斯基是在北京举行的国际中文翻译比赛时，在众多国家选手中脱颖而出，获得第一名。如果我没记错，那个年代两国领导人几乎所有的交往活动都是由他来翻译的。还有另一位著名俄汉翻译家帕列茨基，他毕业于圣彼得堡体育学院，接触到了中国功夫，然后获得留学机会去了上海大学进修。在上海他开始学习中文，他真的很有语言天赋，中文学得特别好。2001 年 6 月，在上海举行的俄中领导人会晤上，我还亲历了这样一件趣事。会晤结束时，江泽民主席突然走到台前，用优美的俄语高歌了一曲俄罗斯民歌，大厅里响起了热烈的掌声。所有人都把目光投向了普京总统那儿，压力来到俄方这边。普京总统和坐在他旁边的罗高寿大使把帕列茨基叫到台前，帕列茨基用纯正的中文朗诵了一首诗，正是在中国家喻户晓的《满江红》。全场也报以热烈掌声。正如我的同事们常常挂在嘴边的那句感叹：俄中双方新一代的翻译人才辈出，我们对此感到欣慰。

九、导师，伙伴和朋友

最后，我想说，我们最卓越老师和导师是历任外交部部长，我有幸在他们的领导下工作。这里，只提几个人的姓名：葛罗米柯、普里马科夫、伊万诺夫、拉夫罗夫。

当然，还有我们的中方伙伴。一大批经验丰富的杰出外交官、高水平的专业人士，如田曾佩、钱其琛、戴秉国；还有驻俄大使王荩卿、李凤林、武韬、张德广、刘古昌、李辉、张汉晖；我的老朋友周晓沛大使、王凤祥大使、吴筱秋大使、赵希迪大使、张震大使，以及本书的其他合著者们。当我们还在工作岗位上时，虽然我们之间就一些问题时常会有激烈的争论，但最终总能与中国同行们找到双方都满意的解决方案。在后来的许多年里，我们之间一直相互尊重，对我们毕生奋斗的共同伟大事业——不断发展双边关系并将其提升到一个全新的高水平，有着同等的骄傲和自豪，并保持着深厚的个人友谊。

作 者 简 介

安德烈·伊万诺维奇·杰尼索夫，1952 年出生。

1974 年，毕业于莫斯科国立国际关系学院（经济系），1977 年科学院研究生毕业，专攻中国经济，副博士。

1973 年—1974 年和 1978 年—1981 年，在苏联驻华商务代表处实习、工作。1991 年前，任苏共中央对外联络部中国科科员，苏联总统秘书处工作。1992 年—1997 年，在俄罗斯驻华使馆工作。

2013—2022 年，任俄罗斯驻华大使。曾担任过俄罗斯驻埃及大使，常驻联合国代表，副外长、常务副外长。

外交职衔：特命全权大使（2003 年）。

中国已成为我生命的一部分

安·伊·杰尼索夫

（原俄罗斯驻中国特命全权大使）

走近中国激发起科研兴趣

1969 年秋天，我考入大学，开始学习汉语。这一年是双边关系历史上最糟糕的一年，苏中边境爆发了武装冲突。我的朋友，甚至家人都对我表示同情。他们说，你将来找工作可难啰！

但我的恩师——党史教研室主任（党史为苏联高校必修课）却告诉我，你小子真走运。中国是一个伟大的国家，别看现在它身处逆境，但困难终将过去，中国发展未来可期。更何况，苏中关系已降至冰点，情况不可能更糟了，回升向好是肯定的。

恩师预判准确，事实如此。苏中关系改善历经数十年时间，也包括我的生命和职业生涯的数十年。过去半个世纪，也就是从 1973 年 10 月到 2022 年 9 月，我总共在北京待了近 20 年，其中 10 年间担任俄罗斯驻华大使。这段岁月对我来说永生难忘。我亲眼见证了两国关系从冰点到现在进入"历史最好时期"。

我本科就读于莫斯科国际关系学院（现为大学）经济系，主攻外贸专业。学习外语，仅仅是为了对将来工作有所帮助。5 年大学时光过半时，我就意识到，相较于外贸业务，我对研究中国，特别是中国经济（毕竟我就读的是经济系）更感兴趣。于是，本科毕业后，我选择继续深造，进入科学院一家研究所攻读研究生。我的经济学文凭决定了研究方向：70年代前期中国对外经济关系。

然而，在上研究生之前，发生了一件对我而言非常重要的事——第一次去中国。可以说，这是一次命运的选择。作为大五毕业生，我和同学一起被派往苏联驻华商务代表处实习。

在那个遥远的年代，对于普通苏联大学生而言，出国机会难得，更别说是去中国。当时，中国与苏联政治关系不睦，但两国维系着贸易往来，因此商务代表处也需要懂汉语的年轻干部。

初次来华时间不长，也就4个多月。我还记得，我来之前，中共十大刚刚闭幕。到中国后的前几周，我认真阅读周恩来总理在十大上所作的工作报告原文。我牢牢记住了周总理评价国际形势时引用的一句古诗"山雨欲来风满楼"，之后我也经常引用它。半个世纪后的今天，这句诗仍如当时一样令人振聋发聩，警钟长鸣。

1973—1974年冬天特别冷，我只能用微薄的工资买了皮帽子、防寒手套和毛衣。从那之后，气候变了，北京的冬天明显变得暖和起来，也不需要皮草护耳帽了。直到现在，我在莫斯科仍戴着这顶帽子，它看起来还是全新的，只是可能因为年代久远有点小了（或者是随着年纪增长，我的头变大了？）。我为中国高质量的皮毛制品代言！

攻读研究生让我对中国有了更深入的了解，超越了专业学术领域。在那个年代，虽然两国关系困难重重，但是苏联大量出版中国历史、哲学和经济文献以及名著的俄文译本。苏中友协保持正常运转，每逢中国的大日子和节日都会举办庆祝活动，我们特别喜欢过春节。尊敬的库里科娃将毕生精力奉献于友好事业。前几年，习近平主席亲自授予她友谊勋章，表彰其为巩固俄中友好合作事业作出的突出贡献。她也成为第一个获得中国对外最高国家奖励的俄罗斯公民。

在我们的科研中心——科学院世界社会主义体系经济研究所，成

★ 作者在《毛主席和各族人民大团结》前留影

立了一个小而精的中国经济研究小组，负责人是经济学博士孔德拉绍娃，一位学识渊博的大专家。上世纪 50 年代末，她毕业于北京大学经济学系。这是她唯一的高等教育文凭。孔德拉绍娃活到耄耋之年，一生著作等身。她还出版了《道德经》孔氏版译本，由著名旅行家科纽霍夫为其配图。

中国小组还有一位经济学博士皮沃瓦洛娃，她撰写了一系列经济理论基础性研究著作。50 年代末，她在莫斯科国立大学读书，和一名中国女留学生同住在莫大列宁山宿舍。1957 年 11 月，毛泽东主席在莫大接见中国留学生后，考察了她俩的宿舍。毛主席同她握手并简短交谈，最后还祝她学业有成。主席的话真的应验了，后来这位年轻女大学生长期从事中国问题研究，成绩斐然。

在不同时期曾和我在使馆共事的还有我的研究所导师：波尔特亚科夫（后来成为教授，多年担任《远东问题》杂志主编）和斯捷潘诺夫。他们俩都属于最早认识到中国 70 年代末、80 年代初搞现代化走改革路具有重要意义和光明前景的汉学家。在我看来，定期将年轻科研工作者派往苏联驻中国等社会主义国家外交代表处工作是非常好的做法。遗憾的是，90 年代初研究所重组之后，这一做法就中断了。

我研究的课题是中国外贸作为经济重要领域的特性。联合国统计数据（那个年代中国不对外发布数据）表明，虽然外汇储备非常紧张，但是中国采购了一系列当时最先进的技术设备，用来生产优质钢材和肥料。70 年代末引进这些的工矿企业，为刚起步的城乡经济改革奠定了物质基础。

二进宫沐浴改革开放春风

1978 年中，受科学院委派第二次来北京商务代表处工作期间，我所学的专业知识派上了大用场。我的专业就是中国问题研究，我能在邓小平提出改革开放那一年就来到中国，何等幸运！常驻的 3 年零 3

★ 90 年代中期，作者和李辉司长在北京

个月中，我始终坚持在完成商务代表处日常工作的同时，跟踪研究改革开放：农村家庭联产承包责任制，城市经济市场化，建立经济特区以及数百家合资企业。对于任何一个研究当代中国的学者而言，这都可以说是学术上的大丰收。

1979 年 3 月，全国人大召开例行会议之前，中国时隔 25 年后恢复发布国民经济统计数据。当年夏天，中国开始出版大部头的统计年鉴。《经济研究》《经济学动态》等学术周刊恢复发行。《经济日报》恢复出版，颇有意思的周刊《世界经济导报》问世。重要的是，上海商务印书馆发行了非常实用，且装帧精美的新版《大汉俄词典》。现在手机 APP 就能使用各种词典，但我还是习惯"手动"翻字典。

我清楚地记得，80 年代初，中国经济学掀起高潮。许涤新、于光远、薛暮桥的学术著作开始出版。刘国光、周叔莲、吴敬琏等著名学者的文章问世。长期以来，他们避免使用"市场经济"一词，而是倾向于

★ 1990 年，未来的驻华大使杰尼索夫（左）和莫尔古洛夫（右）在中共中央对外联络部餐叙

使用"社会主义计划商品经济"。后来，刘国光院士在著作中"调解了"
计划与市场的关系，就多成分社会主义经济条件下二者和谐共处的可
能性和必要性作出论述。

苏中双边贸易尽管体量不大，并且没有受到复杂政治关系的影响，
因此对双方非常重要。我们几乎天天同中国对外贸易部和进出口企业
的同事们开展交流。双方每年都在莫斯科和北京轮流签署政府间贸易
和支付合作协议。苏联对外贸易部副部长格里申率大型代表团赴北京
谈判。伟大卫国战争期间，此人曾担任斯大林格勒州委书记，中国同
行因此很是尊敬他。当时，中国外贸部长李强会见了他。李强战前曾
长期在莫斯科工作生活，俄语说得很好。会谈结束后的宴会上，他对
格里申说："让年轻人们休息一下，交流一下，咱们老一辈就坐坐，
看看他们。"

★ 作者和张汉晖大使在联邦委员会合影

必须要指出，我的前后两任大使拉佐夫和莫尔古洛夫和我一样，都是从苏联驻华商务代表处开始走上外交生涯。这里真是锻炼干部的熔炉！

意外的人生转折——调入苏共中央工作

1981 年秋天，我即将卸任回国，本来是准备重返科研所工作的，但计划有变，我被调到苏共中央联络部工作。当时，中国处处长是经济学博士沙巴林，50 年代北大经济系研究生，曾任科学院远东所副所长。他眼光长远，特别重视吸引具有经济学背景的人才。先是拉佐夫（后接替沙巴林任副处长），之后是我。顺便提一句，我们俩先后担任苏联驻华使馆共青团组织书记。

对我而言，对任何一个像我一样的年轻专家而言，在高层机关从

★ 2015年，杰尼索夫大使和莫伊谢耶夫舞蹈团艺术总监谢尔巴科娃（右2）、国务委员戴秉国、文化部部长蔡武、外交部部长助理李惠来合影

事对华工作绝对称得上是"伟大的十年"。我在联络部一直干到1991年（后在苏联总统秘书处短期工作）。

在党的系统有不少著名专家从事中国研究，他们在华或对华工作经验丰富，非常了解中国。他们都是博士，都是重量级学术著作的作者。如拉赫马宁（罗满宁）、库利克、季塔连科（候任院士、远东所所长、俄中友好协会主席）。我特别感谢我的同事朱维奇，他对中国老百姓生活相当了解。1992年，我第三次常驻中国，接替他担任使馆参赞。还有在苏共中央某部工作过的传奇翻译顾达寿，每次他讲述所亲历的双边关系历史风云，我都听得入迷。

当年工作的主要内容是缓慢、艰难地，却仍稳步推进两国关系以及当时同样重要的两党关系实现正常化。这项工作实属不易。80年代末，我们同中国外交官和驻莫斯科记者恢复接触。也就是当时，准确地说是 1988 年秋天，我认识了中国驻俄使馆二秘李辉。多年后，我们基本上同期出任驻对方国家的大使。

1988 年，中国国家展在莫斯科成功举行。苏联部长会议主席雷日科夫前往参观。苏共中央总书记戈尔巴乔夫不久前在符拉迪沃斯托克（海参崴）发表的讲话，为两国重修旧好清除了障碍。1989 年 5 月，戈尔巴乔夫访华，推动两国关系拨云见日。

两国开始恢复各领域全方位合作机制。即便是苏联解体，俄罗斯作为苏联继承者应运而生，双边合作也只是节奏上稍有放缓，并未中断。1992 年 12 月，俄罗斯总统叶利钦对中国进行国事访问，再次表明两国希保持政策方针的延续性，并且百尺竿头更进一步。我当时在北京工作，有幸亲身参与高访接待工作。

90 年代跨越障碍实现突破

这 10 年对俄罗斯以及俄中关系发展而言具有特殊意义。

俄罗斯及其他前苏联加盟共和国独立之路并非坦途，有时荆棘密布。但很快大家就明白，这一进程势不可挡。俄罗斯几乎承担了苏联所有对外义务。中国的新邻国作出了非常明智的决定，继续苏联时期的做法，通过联合代表团进行边界谈判，但最终边界协定由各国单独同中国签署。

前苏联所有加盟共和国纷纷在北京设立使馆。俄罗斯从一开始就对各方伸出援手，包括将他们的外交官安置在苏联使馆，也就是后来的俄罗斯联邦使馆内，甚至临时将一些人员纳入俄罗斯馆员编制。比如，吉尔吉斯斯坦外交官在俄罗斯使馆担任参赞，之后他也成为吉驻华大使、外交部长和上海合作组织秘书长。2000 年初，上合组织的建立也是中国努力同其他邻国发扬睦邻友好合作经验的成果。作为创始成员国之一，中方提议以建立上海五国会晤机制的城市命名这一组织，如今其成员国已增至 9 个。

　　俄罗斯驻华使馆基本上沿用了先前的工作模式和主要干部队伍。这一次常驻，我在北京工作了6年半，一直到1997年底以公使衔参赞、使馆二把手的身份离任。12月离开隆冬时节的北京，我并不知道，这一别就是漫长的17年⋯⋯

　　和90年代在北京常驻的所有同事一样，我有幸在杰出外交家罗高寿大使领导下扎实历练。沃罗比约夫公使对我工作相当支持。他是一名中国通，熟悉周恩来总理开拓的新中国外交工作。我也对尊敬的中方同事们充满感激之情，特别是张德广副部长、周晓沛司长和吴筱秋副司长。从他们身上我学到了很多，至今受益匪浅。

　　回首往事，当时的俄中关系可谓是突飞猛进。

　　据罗高寿说，俄方作出1992年12月叶利钦总统访华的决定并不容易。有不同的声音。反对的人认为，此举或将损害俄罗斯同优先外

★ 2023年作者来北京参加老朋友俱乐
部聚会，在人民大会堂和周晓沛大
使（左）、吴筱秋大使（右）合影

交伙伴西方的关系。然而，总统在这一问题上表现出国家领导人的智慧和理性。访问最终成行。此访前一个月，俄罗斯政府第一副总理沙赫赖来华做筹备工作。我还记得，中方再三考虑，是否安排江泽民主席会见这位特使。最终还是开了绿灯，访问筹备工作进入冲刺阶段（多年后，沙赫赖发起在深圳建立第一所俄中联合大学）。

总统访问的具体安排上也并非一帆风顺，但总体上双方都认为访问很成功，这才是最重要的。此访后，双方开始积极建立各领域合作机制，其中不乏需要高度互信的领域，比如和平利用太空、载人航天、核能、军技合作。双边贸易不断发展，进出口方面出现新的商品。

我继续关注经济事务，也同老东家商务代表处的同事密切协作。当时，商务代表处的负责人是具有丰富经验的权威专家卡恰诺夫，前苏联对外贸易部副部长。他和罗高寿大使可谓是神仙搭档，哪怕是最

195

★ 作者陪同普京总统访华

困难的问题也能同中方伙伴一块儿想办法解决。

1995 年，双边贸易额再创新高，达到 50 亿美元。1996 年春，叶利钦总统第二次访华。我们同中国外交部同事在磋商联合声明时，决定提出将双边贸易额翻一番，即 2000 年提升至 100 亿美元的宏伟目标。当叶利钦总统审批联合声明最终草案时，他拧开签字笔，带着微笑将 100 亿改为 200 亿，我们简直惊呆了。但最后事实证明，他做得对。2018 年，俄中两国领导人提出 2024 年将双边贸易额提升至 2000 亿美元，现在双方提前一年超额完成目标。

90 年代双方构建的合作机制至今仍顺利运转：政府间合作委员会、分委会、具体领域合作工作组、工业合作工作组、人文合作工作组。此外，还创建俄中总理定期会晤机制，每年在两国首都轮流举办。近 30 年来，两国总理定期会晤从未中断过。

文化、教育和旅游领域合作焕发新的蓬勃生机。议会、社会团体、地方，特别是毗邻地区交往不断密切。民间外交有声有色，双方成立友好、和平与发展委员会。

90 年代建立各种沟通渠道和全方位合作机制的有益经验后来得到赓续发扬。

俄中全面伙伴关系往事二三

回国后，我的工作方向发生了变化，但关于中国的事情我始终在关注着。担任驻埃及大使期间，我结识了中国同事刘晓明。多年后，他奉调离开长年坚守的驻英大使岗位，回国履新担任中国政府朝鲜半岛事务特别代表。我很高兴在北京再见到他。我在纽约同中国常驻联合国代表王光亚打过交道。之后，当我俩都担任外交部常务副部长时，我在北京同他举行过磋商。

作为常务副外长，我在北京还见到了尊敬的同事，中国著名外交家戴秉国。回到北京工作之后，他已官至国务委员，我曾多次拜访他。多年前，戴秉国先生在中国驻苏联使馆开启了自己的外交生涯。

2013 年 5 月，我回到北京，任期长达 10 年。3 月，就在赴任前，我还以常务副外长的身份参与接待习近平主席当选国家主席之后对俄罗斯进行的国事访问，普京总统亲自介绍我是候任驻华大使。我能感觉到，习近平主席对我这个大使人选还是满意的，很快中方就同意了大使提名。

刚上任第三天，我就接待了应习近平主席邀请首次访华的基里尔大牧首。此次接待任务为我来华履新开了个好头，如同灯塔一般指引我在任内肩负重任，一路前行。大牧首不仅是俄罗斯东正教的宗主教，更是一位杰出的社会活动家。

十年大使任期内的点点滴滴讲起来要花不少时间。关心俄中关系的读者朋友应该对其十年来的发展历程并不陌生，可以说大家都是"新时代全面战略协作伙伴关系"的见证人。正如俄罗斯和中国同事一样，我只是尽己所能为推动俄中关系高水平运行贡献绵薄之力。

作者简介

　　康斯坦丁·瓦西里耶维奇·伏努科夫，生于 1951 年 5 月 9 日。1973 年，以优异成绩毕业于莫斯科国立国际关系学院。1991 年在苏联科学院远东研究所完成博士论文答辩。通晓英语和汉语。

　　1973 年，开始从事外交工作，曾在俄罗斯外交部机关和国外担任过各种职务。在苏联 / 俄罗斯联邦驻华大使馆工作三任（1974—1979 年、1980—1985 年、1991—1995 年）。1985 年 12 月至 1991 年 1 月，在苏共中央国际部工作。1998—2003 年，任俄罗斯驻香港总领事兼任澳门总领事。2003—2009 年，任俄罗斯外交部一亚局副局长、局长。

　　2009—2014 年，任俄罗斯驻韩国大使。2014 年 12 月，任俄罗斯驻越南特命全权大使。

　　2021 年，退休。曾获俄罗斯、越南社会主义共和国、韩国和蒙古国国家奖章。

历经磨难的俄中关系熠熠生辉

康·瓦·伏努科夫（伍康宁）

（俄罗斯联邦特命全权大使）

1991 年底苏联解体

1991 年苏联解体引发剧变，这对我们所有人来说都是巨大的悲剧。那么，如何看待"苏联解体"，如何看待华沙条约组织、经济互助委员会解散，如何看待社会主义阵营的诸多悲剧教训，对中国领导人来说是最尖锐的问题。命运使然，我成了这一切的直接见证人。

1991 年中，苏联外交部任命我为驻华使馆参赞。在两国和两党关系实现正常化后，为加强政治对话、开展经贸、科技和其他务实合作，加强人文交流，增进地方合作，拉近百姓距离，需要开展大量工作。对这份有意义、有内容的工作，我做好了准备。我和亚洲社会主义国家局的另一位参赞计划 1991 年 8 月启程赴任，但我们万万也没有想到，不久后就发生了国家紧急状态委员会事件和由此引发的波折。

我们全家商量决定不坐飞机去北京（况且当时票也很难买），而改坐火车，这样就解决了带狗、行李（有书、词典、两个孩子的课本和练习册）的问题，还可以沿途让孩子们欣赏俄罗斯、西伯利亚、远东的无边美景。订好票后，我便开始休假收拾，准备奔赴在中国的新任期（第三次）。

在宣布进入紧急状态的当天一大早，我和妻子刚好从乡下别墅去莫斯科办事。很难描述我们在首都的所见所感……当然，发生了这样的事肯定不能休假了。最让我头疼的不仅仅是各种相互矛盾的消息，还有国家紧急状态委员会决定实施宵禁，而莫斯科—北京列车恰恰是半夜出发的。

万幸的是，政变失败，宵禁取消，我们冒着瓢泼大雨，好不容易来到了雅罗斯拉夫火车站站台，在亲友的帮助下上了车。就这样，我们的东方之旅开始了。那时，我们一家是在国家紧急状态委员会事件之后外交部最后一个出国赴任的，因为后来实行了持续几个月的不让出国的禁令。

沿着跨西伯利亚大铁路行驶七天半后（列车延误了一宿），我们抵达了北京站，之后来到了亲切的使馆。大家纷纷向我询问国内情况，毕竟我是国家紧急状态委员会事件的亲历者。时任大使索洛维约夫立即给我布置了几个重要方向的工作，包括让我担任使馆发言人。我很快同中国外交部、党中央、媒体和科研机构的朋友恢复了联系。

当时，我们国内的情况在我印象中，实话说相当复杂。作为一个用心用情的知华派，当听到国内有关中国的言论，我是很痛心的。当时握有实权、热衷"民主"分子，坚持外交"去意识形态化"，主张"人权"和"普世价值观"，鼓动"同共产主义中国断绝往来""强烈谴责北京"等言论甚嚣尘上。我和同事们对于好不容易实现的苏中关系正常化，以及新型国家间关系转型的前景深感担忧。

可奇怪的是，那些给中国贴上了"共产主义极权"标签的国内亲西方势力和媒体，因盖达尔式改革和掠夺式的私有化导致国家和人民一夜之间陷入贫困，将目光却更多投向了日益繁荣的中国这个邻国。来自中国的日用品填满了空空如也的俄罗斯市场（尽管质量一般，好在便宜），以各种方式撑住了濒临破产的俄罗斯企业。

中国也给俄罗斯的文艺工作者找到了"出路"。我还记得，90年代我们的芭蕾舞团（特别是边远地区的）和马戏团不需要多少报酬就可以在中国演出、巡演，甚至是演艺明星都来中国挣钱（讲课、演出、拍摄）。我作为文化参赞，同维亚切斯拉夫·季霍诺夫、瓦西里·拉诺沃伊、柳德米拉·古尔琴科、米哈伊尔·乌里扬诺夫等传奇艺术家的交流至今难忘。特别值得一提的是，著名导演斯坦尼斯拉夫·罗斯托茨基的电影《这里的黎明静悄悄》，不仅在国内，在中国也大受欢迎，应观众请求还翻拍了中国版。我同这位大师建立了友谊，我们一同举办晚会，周末一起去密云水库钓鱼，在那里热烈庆祝了他的70岁生日。我们的友谊一直延续到莫斯科，并有过制作一部故事片的想法，该影片将讲述东正教北京传道团及第九任大司祭、俄罗斯汉学研究奠基人雅金夫·比丘林的事迹。遗憾的是，由于斯坦尼斯拉夫·罗斯托茨基的猝然离世，这个想法始终未能实现。

再回来谈谈1991年底至1992年初我们与中国关系的复杂情况吧。我的那些饱经时代考验的中国同仁们也开始担忧，如果不做出改变，那么两国关系正常化的势头必将受损，将会出现新一轮激烈论战。但我的一位中国好友暗示，俄罗斯总统访华或将彻底扭转这一局面。

一番深思熟虑后，我决定冒险一试。作为使馆发言人，法新社记者问及叶利钦会否访华时，我简短回答："有可能"。就这样开始了：一连串的电话和直接引用伏务科夫的评论。

第二天一大早，索洛维约夫大使找我谈话，说科济列夫部长责问，是谁授权给驻华使馆某个伏务科夫这样表态的。我向大使坦诚解释了我这样做的动机，强调我个人很希望维系加强"新俄罗斯"同中国的关系。我的解释得到了理解。

1992年12月，叶利钦成功对中国进行正式访问，签署了20多项文件，包括《关于俄中相互关系基础的联合声明》。半年前，科济列夫部长曾访华。关于这次访问，也是值得单独一书的。

抵达北京后,科济列夫立即前往钓鱼台国宾馆举行会谈,但他在会谈后记者招待会上的讲话让我们所有人都颇为难堪。他说,"这次来华再次说明,共产主义思想不切实际"。他的讲话完全无视正是在中国共产党的领导下,中国才取得了令人瞩目的经济社会增长这一事实。这位"海外来客"还说了不少阴阳怪气的话。即便如此,俄罗斯代表团首访还是顺利的,成果颇丰,尤其对我特别重要的是,此访加快了解决俄中边界问题的进程。

而我却因历史命运的摆布,在同一个使馆变成了俄罗斯使馆参赞,而不是苏联使馆参赞。办理流程非常简单,我的档案里记录如下:1992年2月26日因调任至俄罗斯外交部,我被免去有关职务。第二天,1992年2月27日我被任命为俄罗斯驻华使馆参赞。

但在生活中一切却要复杂得多,因为驻华使馆办公大楼上还悬挂着苏联红旗和已经不复存在的国家的巨大铜质国徽。西方和日本的电视记者在使馆大门对面的东直门内北中街路口架好了摄像机,但他们没能拍下独一无二的历史影像,因为大使指示在深夜换旗。

处理国徽更麻烦。沉甸甸的苏联铜质国徽悬挂在使馆大楼外墙正面高处,用消防吊车当然可以把它取下来,但用什么来替换呢?向外交部总部订货还需要不少时间。于是,我想到了一个变通的办法。我提到过,当时中国有不少俄罗斯文艺工作者,其中包括在北京高校任教的杰出雕塑家库巴索夫。所以,当我向他说了我们需要俄罗斯联邦国徽的情况时,他当即答应来办这件事,而且说将使用不会腐蚀、不受恶劣气候影响的新材料。

俄罗斯国徽按照标准尺寸如期制作完毕,我们租用了一辆消防车,将它悬挂在使馆大楼的外墙正面,一直保持至今。而那枚巨大的苏联铜制国徽,取下来的时候在路面上撞碎了,同事们把碎片收起来,最漂亮的那一块送给了当时正好在中国的传奇演员瓦西里·拉诺沃伊。

1990 年—2000 年初，建立新型俄中关系的复杂进程

我的工作进入了新阶段，俄罗斯驻华使馆的工作也是如此。当时两国领导层作出最重要的决定，就是任命了两位新大使，即俄罗斯驻华大使罗高寿[①]，中国驻俄大使王荩卿，后者是一位经验丰富的外交官、俄国通。应该说，他们二位做了大量工作，让领导和两国人民相信，保持俄中关系积极稳步发展符合两国根本利益。

这件事不容易。苏联解体是新世界历史和两个伟大邻国关系史的分界线。一个苏联被 15 个独立主体取而代之，这让中国朋友们很难适应。我们在同中国交往时也要放下过去"老大哥"的姿态，况且俄罗斯联邦正在经历政治动荡和经济危机。

要中肯地看待中国朋友们，因为他们以相当快的速度作出了一系列重要决定，包括 1991 年 12 月 27 日正式承认俄罗斯联邦是原苏联国际权利和义务的合法继承者，并发表一系列声明，表示中方愿同俄在和平共处五项原则的基础上发展睦邻友好关系。

叶利钦访华期间（1992 年 12 月 17—19 日）签署了《关于俄中相互关系基础的联合声明》，其中强调，"社会制度和意识形态的差异，不应妨碍国家关系的正常发展"。叶利钦也声明，俄罗斯愿在务实和维护国家利益的基础上，不受意识形态好恶左右，推动构建双边关系。

尽管 1993 年夏秋之际，俄国内情况使形势变得复杂，北京方面还是重申发展睦邻友好关系的方针不变，希望俄国内局势稳定，消除分裂主义趋势。

1992 年 2 月 13 日，俄罗斯联邦最高苏维埃批准了 1991 年 5 月 16 日签署的《关于苏中界东段的协定》，中方也于 1992 年 2 月 25 日批准。整个东段 4375 公里国界只剩下两个界河段（哈巴罗夫斯克和

---

① 1992 年 4 月 12 日向中华人民共和国主席杨尚昆递交国书，并担任大使 13 年。

★ 1992年4月9日罗高寿递交国书后与使馆同事合影留念

额尔古纳河）[①] 尚未商定。同步开展的还有勘界工作、相互削减边境地区武装力量和加强军事信任谈判。1994年11月江泽民主席访俄期间签署了《关于俄中国界西段的协定》。1995年俄中国界全线完成法律意义上的划定，同时决定建立独特机制，共同经济利用勘界后划定为另一方的领土地段。

1995—1996年，莫斯科的外交政策明显向中国倾斜，也得到了北京的同等回应。普里马科夫接替"亲西方"的科济列夫就任外长为此提供助力。他从最初就支持"发展平等信任、面向21世纪的战略协作伙伴关系"。中国领导人也高度评价俄方提出"俄中合作不是为了打

———

① 后来，在俄罗斯提议下达成了最终方案，将有争议的岛屿领土按面积一分为二。

★ 王荩卿大使（中）同阿法纳西耶夫和伏努科夫合影

败谁，而是为了不被打败”的表述。

这一时期俄中关系大框架已形成，还需要以深刻内涵予以充实。1995年底从北京离任回国担任一亚局处长后，我直接参与了这项工作。

人文合作，民间交往

在中国常驻的 5 年期间，除了政治领域，我作为文化参赞还负责人文合作。文化领域某种意义上的暂停已开始松动，这在一定程度上跟两国相互交往和文化互鉴的深厚传统以及俄罗斯民众对于快速发展的中国愈发感兴趣有关。从那时起，我就同俄中文化界诸多人士建立

★ 俄罗斯外交部长普里马科夫和
伏努科夫

了良好的关系，这样的关系在我回国后也一直延续了下去。

我还记得，电影界的朋友们曾向我表示希望参与拍摄一部纪录片，讲述中国杰出领导人、国务院总理周恩来。我觉得这个项目很好，因为我曾采访过当时健在的阿尔希波夫、费达连科、齐赫文斯基、苏达里科夫、顾达寿、波塔宾科、列多夫斯基赫、罗高寿等苏联人士。也是这个原因，我曾陪同边界代表团的副团长甘科夫斯基参加了1974年10月1日的中国国庆招待会并有幸同周恩来握手。

这是一项有意义的创造性工作。除了关于周恩来上世纪20—30年代的几次苏联之行以及他在两国建立伟大友谊和关系恶化时期同苏联代表和领导人的交谈，受访者们还披露了很多鲜为人知的关于总理同"苏维埃国家使者们"会见的细节。比如，1969年9月11日在北京机场同柯西金的历史性会晤，1970年11月同苏联新任驻华大使托尔斯季科夫长达2个小时的会谈以及1971年3月21日同托尔斯季科夫大使和边界代表团团长、外交部副部长伊利切夫的最后一次内容全面的会晤。

老前辈们说，尽管谈得很激烈，周总理总是能以礼相待，他是一位杰出的外交家，有时还会展示出绝佳的幽默感。1970年11月18日，中国国务院总理在会见托尔斯季科夫大使时说了一句活跃气氛、让大家开怀一笑的话："好在是两位副部长在争论，要是红卫兵的话，恐怕要干仗了。"

1960年春天赫鲁晓夫做出了一个冲动的决定：从中国撤回苏联专家和顾问。为了消除负面影响，周恩来为专家和他们的家人组织了热烈的欢送会，对外则宣称这是因为苏联国内用人需求十分迫切。

受访者还给我讲了一件有关周总理的事。1949年10月1日早晨，天安门开国大典开始前几个小时，苏联作家法捷耶夫和西蒙诺夫率团乘火车抵达北京。苏联驻华总领馆的同事们注意到，列车抵达前几分钟，月台上的周恩来被人搀扶着，面色苍白，双目紧闭。助手请大家不要吵醒他，为了筹备开国大典，他已经四天没合眼了。列车一抵达，他被叫醒了，略带歉意却非常友好地同苏联外交官打招呼，热情欢迎代表团，还关切地问起途中生病的法捷耶夫。纪录片不仅取材于采访，还有来自我们档案馆的影像资料，我认为拍得很不错，但遗憾的是没能在"大屏幕"上映。

我的另一项"影视工作"是作为顾问参与中断近40年后首个俄中合拍故事片《魔画》的剧本创作。项目发起人和导演是著名历史片《罗斯起源》的导演根纳季·瓦西里耶夫。这部奇幻影片以俄罗斯和中国民间故事为原型，按对等原则拍摄制作：两位编剧，两位摄影，两位美术指导，连化妆师都是两位。拍摄工作并不容易，经常需要展现外交艺术，但最终《魔画》不仅圆满完成，还在柏林电影节上获奖。

＊＊＊

再讲一件那时的趣事。我在哈尔滨东北亚问题座谈会上认识的一位杨教授来找我这位俄驻华使馆主管文化工作的参赞。他说，近期要开一个唐代诗人陈子昂诗作国际研讨会，迄今为止陈子昂一直被认为是当时最具争议的"异见诗人"。杨教授听说俄罗斯对唐诗的研究很深入，就建议我邀请一些俄罗斯学者，或者我本人参会。最吸引人的是，会议要在陈子昂的家乡四川省举行。

我向罗高寿大使讲了这个情况，他说："这是好事，但经费有点问题。坦白说，现在这个'挨饿'的时期，根本没有经费去诗人的家乡出差。但你要是能找到差旅赞助，那就去！"我毫不隐瞒地把这一困难情况告诉了杨教授。半个小时后，他电话通知我，组委会很乐意接待俄罗斯学者，并准备承担包括机票在内的所有费用。

八月一个闷热的下午，我降落在重庆，两位英俊的中国男子举着写有我姓氏的牌子迎接我。从这里到诗人的家乡有100多公里，所以陪同我的年轻人建议我先去吃点东西，他原来是新华社驻四川省的首席记者。沿着一条商业街走了一段路后，我们走进了一家餐馆，或者说是一家门脸敞开的小酒馆，里面有一张没有桌布的木桌，一群记者朋友已经坐在那里。桌子上放着一个大盆，里面炖着红褐色的调料，冒着热气，散发着迷人的香味，那就是水煮肉片。不得不说，川菜闻名世界，但并不是因为它的辣度（一个小辣椒就够了），而主要是因为香料的奇特味道。

我流口水了，但我意识到，吃这道当地菜看是一场面对好客的主人为外宾安排的一项巨大挑战和考验。显然，如果我就着肉汤吃菜，我可能连话都说不出来。因此，我决定冒着见不到第二天太阳的风险，硬把它吞咽下去！于是，我就这样做了，唯一能要求的就是用啤酒下菜。由于酒馆里没有杯子，我只好直接用瓶子喝。就这样，我顺利通过了考验……

旅途漫长，但很有趣，因为随行记者向我介绍了很多关于这个省份的情况：中国的粮仓，它的历史，包括"文化大革命"等。顺便提一下，我们这次所乘坐的新奥迪车，原来是诗人家乡当地的一家白酒厂提供的，酒厂是这次研讨会和我的旅行的赞助方。

来自日本和香港的几位学者，以及一位由苏联教育部派遣到重庆大学任教物理课的乌克兰老师，为研讨会增添了国际色彩。有趣的是，在我认识他前，我们两天都在用英语交谈。

我用中文读了一篇关于苏联和俄罗斯唐诗研究的报告（我在大使馆图书馆找到了资料，同事们帮我翻译了这篇报告）。此后，主办方还想再留我一周，但这显然是计划之外的，尤其是我还有很多事情要做。我说明了情况，赞助商说会把我送到重庆，但条件是让我参观他们的酒厂。我只好同意顺路参观。迎接访客的是一座宏伟的大理石仙女雕塑，这在当时的中国是不多见的。随行的新华社记者，对我面向雕塑的提问笑着说，这一定是"雕塑家的梦想"。

但我的四川之行并没有就此结束。本来应该飞回北京，但根本买不到机票。开朗的记者朋友安慰我说："今天肯定能让你回去。"我们从机场回到重庆，在居民区碰到一个带着婴儿的年轻女子，她听了我讲的情况后，于是抱着婴儿上了车，和我们一起去了机场。到了机场，她把孩子交给我，和记者去了什么地方。半小时后，两人都高兴地告诉我，我可以飞回北京，甚至连票都不用，直接坐驾驶舱。我问那酒厂送的礼盒能上飞机吗？记者朋友笑着说，这位哺乳妈妈是机场的电力总管，如果不让我登机，她就会给他们断电。

这就是诗人的故乡之旅！

* * *

记得我第二次在北京出差是 1997 年初。2 月 19 日晚，俄通社、塔斯社驻北京首席记者阿尔斯拉诺夫急着找到我，让我和他一起开车迅速在城里转转。他感觉发生了什么不寻常的事情。开车经过首都几个街区后，我们根据挂有政府车牌的汽车数量和其他迹象一致判断，可能发生了重要事件。最有可能的是，中国改革总设计师邓小平去世了。

我们判断对了。第二天，2月20日，中央媒体发布了关于这一悲伤事件的官方消息，其中包括成立以江泽民主席为主任委员的治丧委员会。邓小平的去世对我而言也有"个人层面"的影响，因为我和他心爱的小女儿邓榕（小榕）在莫斯科就建立了良好的关系，后来我们通过莫斯科文化基金会和中国对外友好协会一直保持联系。

就差四个月，邓小平没能亲眼见证一个真正具有历史意义的事件：1997年7月1日香港回归中华人民共和国。当时，我还不知道第二年我将作为俄罗斯联邦总领事赴香港特别行政区就职，同时负责澳门地区业务（当时仍然是葡萄牙殖民地），在那里我将开启近六年卓有成效的工作。

1997年的另一件大事，是11月10日叶利钦正式访问中国并签署《俄中友好、和平与发展委员会活动指导原则的协议》。1996年4月叶利钦访问时就已商定建立委员会，并在联合声明中有所体现。由外交部有关司局主管的秘书处积极开展了大量工作，解决与成立委员会有关的各种问题，使之成为"一个由俄中两国政府支持、涵盖两国社会各界代表的国家间民间组织"。首先，我要准备一份委员会俄方主席候选人名单。我记得，在提交给外长的报告中，普里马科夫用红笔在阿尔卡季·伊万诺维奇·沃尔斯基的名字下划了线，并指示我与他会面谈这个问题。沃尔斯基时任俄罗斯工业家和企业家联盟主席，我在苏共中央政治局机关工作时就同他认识。在俄罗斯工业家和企业家联盟会面时，我刚开了个头，沃尔斯基就笑着说，他已经和普里马科夫谈过了，他接受这个提议。委员会中方主席由黄毅诚担任。

委员会设立了文化、教育、体育和宗教分委员会，科学和技术分委员会，青年工作分委员会，促进企业与实业合作分委员会以及地区间合作分委员会。经确定，双方各由大约35名正式委员和10名荣誉

★ 邓榕和伏努科夫

委员组成，包括知名社会和政治人物、学者、外交官、记者、企业家和其他公众代表。委员会的主要任务是定期分析和评估俄中关系现状，并向两国政府和政府机构提交相关建议供其审议。每年至少在两国轮流举行一次全会，制定和商定会议议程、年度工作计划和活动经费，完成这些任务需要开展大量工作。详细的提案提交给委员会双方秘书长（外交部副部长），然后由他们向委员会双方主席汇报。

这是一项紧张而又非常有趣的创造性工作。我有幸参加的一些活动让我久久难忘。例如，由俄罗斯联邦国家杜马议员、知名主持人亚历山德拉·布拉塔耶娃和传奇冰球守门员弗拉迪斯拉夫·特列季亚克率领的大型俄罗斯青年代表团的中国之行。

★ 钱其琛和俄中友好、和平与发展委员会俄方主席德拉切夫斯基

地方合作

在那个不平凡的时期，我们最重要的一项工作就是推动发展地方合作。很多俄罗斯地方代表团同中国各省签署了合作协议。遗憾的是，这些协议往往执行不力，仅仅为往来提供了理由，我们戏称为"地方旅游"。但其实这种形式的"民间外交"大有可为，特别是对俄罗斯远东地区。

这个巨大的地区包括萨哈共和国（雅库特）、马加丹州、哈巴罗夫斯克和滨海边疆区、萨哈林州和堪察加州，面积达 620 万平方公里。1993 年，人口仅 800 多万，人口密度不到每平方公里 1 人。

俄罗斯东部是最富饶的地区之一。这里有俄罗斯 25% 的石油和 200 亿立方米森林资源。该地区为俄罗斯提供了 98% 的钻石、80% 的锡、90% 的硼、50% 的黄金、14% 的钨、40% 以上的鱼类和海产品、

80% 的大豆，等等。

总统和政府清楚认识到这一点，并定期制定关于远东发展、远东资源开发国际合作、环境保护和吸引投资的计划和文件。然而，这些计划和文件的实施受到了许多因素的影响，主要是经济危机和社会政治不稳定。当时，我们正积极与外国合作伙伴（美国、日本、韩国等）沟通，让他们参与东部地区的开发，其中，中国占有特殊的地位。然而，与中国的合作并非一帆风顺。一方面，与中国建立睦邻友好合作关系、大幅削减漫长边境线上的武装力量和军备、中国产品涌入俄罗斯市场、中国订单使濒临破产的俄罗斯企业（包括军工企业）运转起来等等，这些都是有利因素。但另一方面，很多人，特别是远东和西伯利亚地区的很多人，主观上把快速发展和富裕的中国邻居视作潜在威胁。我不否认，一些政客和地方经常炒作这种情绪，试图以"超级爱国者"自居。首先，这表现在俄中边界问题的解决上。在彻底和最终解决边界问题并于 2001 年签署《俄中睦邻友好合作条约》，声明互不提出领土要求后，才让这些伪爱国者没有了炒作的土壤。

非正式合作

在我担任外交部一亚局处长期间，我同中国驻俄使馆的朋友们也继续保持着富有成果的友好对话。随着俄中务实合作的主题不断延伸，出现了一些有时不太方便进行官方沟通的问题，于是我们之间出现了一种新的交流渠道——所谓的"桑拿外交"，这与 20 世纪 80 年代的"电影外交"差不多。

经双方同意，我们在友谊街中国大使馆的芬兰桑拿浴室定期举行会晤，正如他们开玩笑说的那样，彼此"赤诚相见"，就着饺子和啤酒，我们深入探讨俄中关系大大小小的问题。我还没有听说过我国外交部与其他驻莫斯科的外国使团有过类似的活动。

在香港和澳门工作

时光荏苒，在北京第三次任期结束三年后收到了去香港担任俄罗斯联邦总领事的建议，我欣然接受了。与人事工作惯常做法不同的是①，我的任命是在与普里马科夫外长进行了一次个人谈话之后才最终决定的。普里马科夫率团出席 1997 年 7 月 1 日香港回归中华人民共和国仪式时，他认为香港作为中国特别行政区是很重要的一个地方，必须由一名高级别的外交官担任总领事。我承诺将全心全意工作并接受部长的亲自监督，普里马科夫才最终同意了。当我结束在香港的任期后，普里马科夫也被任命为俄罗斯联邦政府总理。

就这样，我开始了在香港和澳门近 6 年的工作（1998—2003 年），这是我外交生涯中最有趣的时期之一。事实上，由于多年的殖民统治（分别是 150 年的英国统治和 400 多年的葡萄牙统治），中国领土上的这两块外国飞地已经习惯于自己的生活方式。根据中英以及后来中葡之间达成的协议，中国在邓小平 "一国两制" 方针的指导下，承诺在半个世纪内，除国防和外交外，保持回归前的一切不变（立法、行政、金融和货币体系等）。

为了兑现我对普里马科夫的承诺，我认真研究俄罗斯涉港金融和经济问题，然而，由于当时发生的亚洲金融危机和俄罗斯债务危机，严重影响到香港对我国巨大经济潜力的利用。作为年轻的总领事，我不能不有所作为。1998 年年底，俄国家杜马主席谢列兹涅夫率团访华，我极力促成了代表团顺访香港。代表团成员包括俄罗斯几乎所有政党的领袖，他们对香港在促进俄罗斯经济发展方面的潜力都有了一定的认识。

此外，我还充分利用了自己的汉语普通话知识，包括在莫斯科国

---

① 部长与新任命外交官的谈话通常仅限于驻大国候任大使，实际从未与总领事进行过谈话。

际关系学院学习期间掌握的繁体字①。外交使团中会说中文的人屈指可数（而香港有一百多个总领事馆和名誉领事，仅次于纽约），俄罗斯外交使团团长在香港和澳门特区政府也享有一定威望。当然，我同中国外交部驻港公署负责人也建立了良好的关系。在与 "普通话 "记者（如《大公报》或凤凰电视台）的交流中，我详细介绍了俄罗斯局势的发展、如何克服经济危机、在俄经商的新机遇以及俄中关系的发展和深化（我最拿手的话题）。这一点尤为重要，因为香港媒体经常公开炒作负面言论，特别是关于俄中边界问题的解决。

按照我的一贯做法，在香港我也没有忘记文化交流。香港和澳门常常举办大型国际音乐节，俄罗斯音乐界大腕儿经常参与其中，我有幸与他们结识，并为他们提供了必要的协助。我只列举其中几位，如尤里·巴什梅特、丹尼斯·马祖耶夫、米哈伊尔·普列特涅夫、弗拉基米尔·克雷涅夫、弗拉基米尔·斯皮瓦科夫等，我们都曾帮助他们的 "支持青年音乐家基金会 "在香港举办音乐会。我们与俄罗斯杰出的演员兼导演缅绍夫和他迷人而才华横溢的妻子阿伦托娃（因电影《莫斯科不相信眼泪》获得奥斯卡奖）度过了许多快乐的时光，回到莫斯科后我也与他们保持着联系。世界著名的莫斯科大剧院歌剧《伊戈尔王子》给当地观众留下了深刻印象。

我亲力亲为宣传俄罗斯文化艺术，曾在当地电台上一边播放谢尔盖·普罗科菲耶夫的杰出作品《亚历山大·涅夫斯基》，一边讲解介绍为独立和自由同德国侵略者条顿骑士团抗争的光辉历史。

下面说说澳门。这个葡萄牙殖民地在里斯本管辖下的最后一年仍属于我负责的领区，我去过很多次。但最重要和难忘的时刻是1999年12月20日发生的真正具有历史意义的事件——澳门正式回归中华人

---

① 由于文盲基数大，中国汉字在上世纪50年代被简化，但台湾、新加坡、香港、澳门等地仍在使用全繁体字。

★ 香港特首董建华和俄罗斯总领事伏努科夫

民共和国。12月19日，由外交部副部长卡拉辛、外交部一亚局局长莫伊谢耶夫和总领事伏努科夫等组成的俄罗斯代表团抵达澳门，与其他外国政府代表团一起参加了回归仪式。12月19日至20日晚，举行了降葡萄牙国旗、将澳门移交中国管辖的仪式。随后，澳门特别行政区正式成立，何厚铧领导的特区政府宣誓就职。

俄代表团团长卡拉辛向专程出席回归仪式的中国国家主席江泽民转交了俄总统的贺词，祝贺澳门在被外国统治了450年后回归中国。

应该指出的是，与对待香港一样，北京严格履行所有承诺，50年内保留澳门回归前的所有制度（国防和外交除外），包括著名的博彩业。我在兼任俄罗斯驻澳门总领事期间亲眼见证了这一切。

★ 澳门特首何厚铧和俄罗斯总领事伏努科夫

深圳：经济特区的典范

回顾我在香港的工作，不能不提到与之毗邻的深圳经济特区。我第一次去深圳还是在 1984 年 12 月，陪同原苏联部长会议第一副主席阿尔希波夫访问。当时深圳的腾飞才刚刚开始，尽管高楼大厦平地而起，但它仍然是个仅有 2 万多人的小渔村。

中国"改革开放"总设计师邓小平的智慧令人钦佩，他提出了这一想法，并制定了在南方，主要是在广东省创建第一批四个经济特区的详细计划，包括深圳、珠海（靠近澳门）、厦门和汕头，推动这些城市从计划经济向市场经济过渡。正是在这里通过了市场改革的实验，随后在全国推广，重点包括土地有偿使用、合同聘用制、国企转为股份制、社保改革等。深圳是当之无愧的领头羊，它在香港和澳门回归前发挥了重要的政治作用，确保了两地此后的繁荣与稳定。

2000 年江泽民出席了深圳经济特区成立 20 周年庆祝活动并为邓

小平纪念碑揭幕。他强调，20 年来，一个拥有 400 万人口的现代化大都市拔地而起，GDP 年均增速超过 30%，人均 GDP 为 4300 美元，是当时整个中国的 5 倍。他指出，考虑到中国面临的新的战略任务，经济特区功能的重点已转移为掌握先进科技成果和发展高新技术产业、调整和优化经济结构和出口结构、从粗放型经济活动向集约型经济活动过渡等方面。调整新的市场机制仍然是经济特区的任务。重点要调整行政机构职能，对分配制度进行改革，刺激私营部门健康发展，加强海外投资和营销活动，在全球市场寻找更多空间，使中国优势充分发挥。中国朋友们说，经济特区的成功得益于其体现中国特色，符合国内经济社会状况和国民经济管理模式。

在香港工作时，我们经常去深圳。坐快轨只要 55 分钟就能到达罗湖口岸。顺便说一句，据我所知，这可能是世界上最繁忙的口岸（过境人数几百万）。事实上，香港特区和深圳的许多居民都往返于两地工作生活，每天都使用电子卡通勤。我们则必须办理入境手续。我们还带着客人买纪念品，品尝真正的中餐。当然，每个人都惊叹于这个深圳版的"纽约"。

我们仔细研究了中国经济特区的经验，向国内报回不少材料。但是，在访问中国期间，切尔诺梅尔金总理听罗高寿大使说使馆报了大量这方面的材料后，就开玩笑说："既然我没读过，你们就没写过。"

我还记得 1986 年 7 月至 8 月，中国贸易和工业展览经历了长期中断后再次在莫斯科举行。我当时在苏共中央工作，戈尔巴乔夫的助手沙拉波夫让我和他一起陪同戈尔巴乔夫的夫人赖莎·马克西莫夫娜参观展览。在会展中心，我的老朋友李凤林和他的夫人孙敏尽力向贵宾介绍现代中国。然而，在陪同赖莎·马克西莫夫娜时，我发现她的目标很明确，希望了解有关中国经济特区的情况。她在经济特区展台前驻足并认真听取介绍，包括我提供的"第一手"信息。第二天，戈尔巴乔夫的助手特意告诉我，赖莎·马克西莫夫娜对我介绍的情况非常满意。

我们很清楚，中国经济特区的经验难以复制，因为在俄罗斯不可能具备复制和中国一样的国内外条件。每当有人试图在俄罗斯效仿中国经济特区的做法并邀请投资者进驻时，我和同事们都说，这是中国人精挑细选的地方，还有国家资助基建（"零周期"、供能、通讯等），制定专门法律，针对性地与国内外投资方合作。当然，华侨投资是大头（即海外中国人）。

遗憾的是，他们在设计俄罗斯版经济特区时，没有考虑过我们说的这些情况。

与此同时，中国朋友的宝贵经验非常适用于俄罗斯经济面临的任务，即经济特区创新为先，与世界市场合作形式多样，根据国家发展需要调整优先事项，这些才是我们想传递给中央的情况。

历史成就：全面彻底解决边界问题

2001 年 7 月 16 日，两国领导人普京和江泽民在莫斯科签署了《俄中睦邻友好合作条约》。这一基本文件涵盖了双边关系的所有领域和方向，是俄中交往发生根本性变化的必然结果。

其中第 6 条对我而言意义特殊："缔约双方满意地指出，相互没有领土要求，决心并积极致力于将两国边界建设成为永久和平、世代友好的边界。缔约双方遵循领土和国界不可侵犯的国际法原则，严格遵守两国间的国界。"历经三百年的领土纠纷，俄中首次在国际条约中载入互不提出领土要求的条款，这一点至关重要。至于（当时）尚未商定的边界，第 6 条写明双方将继续就此进行谈判，在问题解决之前将维持现状不变。

这使那些反对彻底解决两个伟大邻国边界问题的人失去了立足之地。在俄罗斯，尤其是在远东地区，一些政治人物，特别是在大选之前，散布所谓中国 "版图侵略" 和对俄领土诉求的言论。在中国，正如我在香港所感受到的那样，包括当地媒体在内，有许多人反对《条约》中缺少有关中国对俄罗斯领土要求的条款。

现在我想谈谈与俄中边界谈判直接相关的另一个话题。1991 年和 1994 年先后签署关于东段和西段边界的协定后，开始进行划界工作。最重要的是，1996 年宣布建立平等互信、面向 21 世纪的战略协作伙伴关系，双方启动商讨在边境地区相互裁减武装力量和在军事领域建立信任的问题。早在 1989 年 11 月就在莫斯科开始了外交和军事专家磋商，1990 年 4 月签署了相应的政府间协定，1992 年 9 月成立了俄罗斯、哈萨克斯坦、吉尔吉斯斯坦和塔吉克斯坦政府联合代表团（而不是苏联代表团）。1996 年 4 月 26 日，纳扎尔巴耶夫、阿卡耶夫、叶利钦、拉赫莫诺夫和江泽民五国元首在上海签署了《关于在边境地区加强军事领域信任的协定》。由此，"上海五国"诞生，为整个"上海进程"奠定了基础。根据这份文件，1997 年 4 月 24 日，五国元首在莫斯科签署了《关于在边境地区相互裁减军事力量的协定》。

我的老师、著名边界问题专家、常年担任代表团团长的基列耶夫在其著作《俄罗斯—中国：边界谈判中鲜为人知的故事》一书中指出："联方国家同中国解决边界问题、俄中边界划定和《加强互信》与《裁减军事力量》两个协定之间存在着明显的联系。这两个协定以及边界问题的解决都借鉴了过去的教训，两个拥有强大军事力量的国家之间发生军事对抗可能会演变成严重的冲突，冲突将使悬而未决的边界问题更加棘手。明确划分的边界不仅是执行协定本身，也是双方武装部队和边防部队开展合作的法律依据和参照点。"

上述协定是这一领域首批在亚洲缔结的条约，为冷战结束后确保亚太地区安全提供了新理念。值得注意的是，1996 年 11 月，中印领导人在新德里签署了类似的《关于在中印边境实际控制线地区军事领域建立信任措施的协议》。

苏联解体三十年来，俄中双方取得了巨大成果，这使我们有充分

★ 苏联政府代表团团长伊利切夫（中）和副团长甘科夫斯基（左）

理由相信，中国领导人在 2001 年签署《条约》时提出的"世代友好，永不为敌"的主张已成为现实。

我的良师益友

在我半个世纪的外交职业生涯中，遇到过许多良师益友。但第一位真正的导师是杰出外交官和学者米哈伊尔·斯捷潘诺维奇·贾丕才。就在最近，外交部庆祝了他的百年诞辰。时至今日，无论是老一辈还是年轻人，回忆起他来都十分亲切。

1972 年，也就是我从莫斯科国际关系学院毕业的前一年，我来到了他的门下。作为一名年轻的专家，我对于在贾丕才领导的外交部远东一局（主管对中国、蒙古和朝鲜关系）进行毕业前实习非常感兴趣。从担任远东一局局长第一天起，他就被大家称为 "米哈斯捷潘"，骨

★ 伊利切夫在苏联驻华使馆欢迎钱其琛

子里的民主作风让他从一开始就没把我当作实习生，而是当作一名年轻的外交官。他通过副手或者亲自给我布置任务并检查完成情况，教我如何按照"米哈斯捷潘"的要求，用优美的俄语撰写高质量文稿。

他对中国怀有一种崇敬的态度，经常使用汉语中的短语（这得益于他出色的记忆力），喜欢中餐和白酒（尤其是茅台），喜欢在当时唯一的中餐馆北京饭店举办活动。

实习期间，有一次我同"米哈斯捷潘"谈到了中国的"文化大革命"灾难，他说："一切都会过去，一切都会归于平静。中国过去是，将来也会是我们的邻居，你选择了一份好工作——研究中国，开展对华合作，你永远不会后悔的。"是的，我从未后悔。

贾丕才让我研究"两国关系中最重要的问题"——边界问题，我在外交部档案馆泡了一段时间，以便深入问题内部，而不是停留在表面。在他的帮助下，我于 1974 年来到北京，在苏联政府代表团办公室工作了近四年，学习了外交基本知识，结识了周晓沛、王凤祥、李凤林等中国朋友。

还有一件有关导师贾丕才的事。实习结束后，我去看望他，感谢他的指导，并告诉他有人劝我留在莫斯科国关写论文，从事研究和教学工作。"米哈斯捷潘"笑着说，他已经签批了实习鉴定，到苏联外交部远东一局工作应该是不会变了。至于科研和教学工作，他建议我以他为例，做一名职业外交官，同时也可以成为历史学博士、教授、知名讲师并出版专著。我听从了他的建议，并且无怨无悔。

最后，说一件我个人的事情。我结婚时，贾丕才和他的妻子是我的主宾，他还是我第一个儿子帕维尔的"教父"，帕维尔后来也成了一名中国学者，现在是俄罗斯驻上海总领馆的领事参赞。

我还要再聊聊我的另一位导师奥列格·鲍里索维奇·罗满宁。作为苏共中央社会主义国家共产党和工人党联络部主管中国方向的副部长，他手下聚集了一支出色的中国问题专家团队。我曾有机会与他们一起共事，包括库利克、沙巴林、拉佐夫、杰尼索夫、巴扎诺夫、波尔蒂亚科夫、佩斯科夫、莫尔古洛夫等，其中许多人后来成为苏联 / 俄罗斯驻外大使，当然也包括我本人。

罗满宁不仅在苏共中央担任要职，还是一位真正的传奇人物。他参加过伟大卫国战争（1943 年在库尔斯克大会战中身负重伤），1945 年开始从事外交工作，直接负责对华工作。他曾在苏联驻中国东北使团工作，50—60 年代在苏联驻华使馆工作。罗满宁毕业于北京专门的汉学学校和人民大学，经常参与两国最高领导人的会谈，如参加了赫鲁晓夫、勃列日涅夫、安德罗波夫、柯西金等人与毛泽东、刘少奇、周恩来、邓小平的会谈。

苏中关系恶化和"文革"期间，他经常发表一些尖锐的文章（包

★ 2013年俄罗斯驻华使馆使节会议

括用笔名鲍里索夫）。作为历史学博士和教授，罗满宁著述颇丰，包括处女作《苏联与东北革命根据地》和封山之作《二十世纪俄罗斯／苏联对华关系史》，后者对80多年（1917—2000年）两国关系进行了全面梳理。

　　1985年12月至1991年1月，我有幸在他领导下的苏共中央办公厅工作。虽然身居要职，罗满宁也会经常抽出时间和年轻人谈心，在一些相当重要问题上也很重视他们的意见。例如，他知道我参与过对华边界谈判，就经常同我细聊这个问题，让我谈谈对解决争端的看法①。还有一件令人难忘的事，1989 年 5 月戈尔巴乔夫对北京进行历史性访问之后，两国和两党关系全面恢复②。6 月初，罗满宁让我去一趟中国，找俄中双方的人聊聊，看看到底发生了什么。我的行程是完全公开的，包括时间和具体安排。在北京和东北三省访问期间了解到的情况，为我撰写一份非正式的报告奠定了基础，同时也为我完成关于中国苏联学和中国苏联研究的博士论文积累了许多宝贵的材料。

在奥列格·鲍里索维奇退休后，我一直同他保持交流，他也一直关心着两国关系的发展。

---

① 很遗憾，草稿没有保留下来

② 根据分工，我负责准备我们对苏中关系历史问题的口径，事实上，我有特殊途径，能够查阅所有封闭档案。邓小平向戈尔巴乔夫概述了一长串历史恩怨，他说："过去的就让它过去吧，让我们向前看。"戈表示同意，尽管我们可以作出些回应。

　　基里尔·米哈伊洛维奇·巴尔斯基，1964 年 11 月 22 日，生于莫斯科州列乌托夫市。1989 年，以优异成绩毕业于苏联外交部下属的莫斯科国立国际关系学院。

　　1989 年起从事外交工作。曾在外交部办公厅、苏联和俄罗斯驻华使馆、俄罗斯常驻联合国代表团工作。2001 年至 2004 年，任俄罗斯外交部第一亚洲司处长；2004 年至 2008 年，任俄罗斯驻印度尼西亚使馆公使衔参赞；2008 年至 2011 年，任外交部亚太合作司副司长；2011 年至 2014 年，任俄罗斯联邦总统上海合作组织事务特别代表，俄罗斯联邦上海合作组织国家协调员，无任所大使，上海合作组织活动法律框架制定工作政府代表团团长。

　　2014 年至 2018 年，任俄罗斯联邦驻泰王国特命全权大使兼俄罗斯联邦驻曼谷联合国亚太经济社会委员会常驻代表；2019 年 2 月至 2022 年 12 月，任俄罗斯外交部无任所大使；2020 年 12 月，任俄罗斯驻亚太经合组织高级官员；2022 年 7 月，任俄罗斯外交部下属的莫斯科国立国际关系学院外交教研室教授、代主任；2023 年 10 月，任该教研室主任。

2022 年 6 月，被授予特命全权大使外交职衔。

2015 年，获得俄罗斯联邦总统荣誉证书。曾获俄罗斯联邦政府和俄罗斯联邦中央选举委员会表彰以及多个部门奖励。2018 年，被授予泰王国最高国家荣誉一级白象勋章。

历史学博士。著有多篇关于中国历史、文化、内政、外交政策、亚太地区安全、俄罗斯外交史的文章以及多部诗集和短篇小说集。

俄罗斯外交部莫斯科国立国际关系学院（大学）汉语、越南语、老挝语、泰国语教研室教授。

2021 年 4 月至今，任俄中友好协会副主席，俄中友好协会人文合作委员会主席。俄罗斯作家协会成员。俄中作家俱乐部理事会成员。俄罗斯外交官协会理事会成员。汉语教师协会受托人董事会成员。

通晓英文和中文。

俄中关系中困难又格外重要的 1992 年

基·米·巴尔斯基

（俄罗斯联邦特命全权大使）

　　二十世纪八九十年代之交，苏中两国外交官先后面临两项重大任务。一是 1989 年实现苏中关系正常化；二是在 1991 年 12 月苏联解体、俄罗斯成为苏联继承国后，实现苏中关系向新的俄中关系平稳过渡。

　　中国不安地关注着 1991 年 8 月发生在苏联的事件：有人认为这一事件是一场政变，有人则认为是为了阻止国内政治破坏性活动的发展。但当时中国对苏联国家紧急状态委员会从成立到解散的外交反应是克制的，仅由外交部发表声明，表示中国不干涉别国内政，希望中苏关系在 1989 年和 1991 年联合公报确定的原则基础上继续发展。

　　中国外交部对 1991 年 12 月 8 日签署《别洛韦日协议》发表谈话称："作为邻国，中国自然关心苏联局势的发展，希望有关各方尽快通过协商稳定局势。"

　　12 月底，中国对外经济贸易部部长李岚清率政府代表团访问莫斯科。12 月 29 日，俄中副外长签署会谈纪要，中国正式承认俄罗斯联邦为苏联的合法继承国。纪要确认，双方愿意在国际交往的普遍原则基础上发展双边关系。两国关系进入新的时期。

新时期开年，即 1992 年，是特别困难的一年。

总的来说，两国关系的起步还是令人鼓舞的。1 月 31 日，在纽约联合国安理会成员国首脑会议期间，俄罗斯总统叶利钦与中国国务院总理李鹏举行了简短会见。李鹏邀请叶利钦访华，叶对邀请表示感谢并接受邀请。

2 月 5 日，最高苏维埃批准了 1991 年 5 月 16 日签署的《苏中国界东段协定》。独联体联合武装力量总参谋长萨姆索诺夫上将于 2 月底访问中国，俄外贸部长阿文于 3 月初访华。

但如何进一步发展俄中关系，仍有许多问题亟待解决。要明确两国关系的方向，需要通过两国领导人举行实质性会晤予以确定。于是，双方通过外交渠道商定，将开始准备叶利钦对中华人民共和国的访问。

准备元首峰会，说起来容易！即使在两国关系具有坚实的法律基础和广泛的合作机制的条件下，这也不是一件容易的事，更何况当时这些都不具备啊！当然，我们从苏中关系中继承很多好东西，但这里的问题是要重塑中国和一个新生国家的关系，而这个新生国家是有全新的政治领导、新的意识形态、新的内外政策。

由于叶利钦政府奉行亲西方外交政策，俄中关系随即出现一些紧张迹象。那时，中国因 1989 年春夏之交的政治风波而遭到西方制裁。西方对该事件大肆炒作。1990 年初，美国及其盟友在联合国人权理事会提出一项谴责中国侵犯人权的决议草案。1992 年美国故技重施时，俄对美表示支持。此外，在联合国人权理事会第 48 届会议上，巴基斯坦代表提出程序性动议，要求不予审议西方国家的涉华决议草案（即"不采取行动"动议），俄代表团团长不仅与西方阵营的其他 14 国一起投票反对巴方动议，而且还在发言中对中国政府出言不逊。虽然涉华议案最终未获通过，但这对中国和俄中关系都是件不愉快的事。

一周后，3 月 16 日至 17 日，俄罗斯外交部长科济列夫赴北京进行工作访问，同国务委员兼外交部长钱其琛举行会谈并受到李鹏总理的接见。访问期间，他再次提到了人权问题。

此访的主要任务是准备俄罗斯总统访问，他却批评中国的人权政策，显然与此访的任务并不相符。我还记得，科济列夫和钱其琛关于人权的交流十分尴尬（我担任会谈翻译）。中国同"扭曲"人权问题的西方国家访华代表谈人权持严厉态度是一回事，而与友好邻国讨论人权问题则是另一回事，况且双方都致力于加强双边合作，而这一合作在客观上也符合各自国家的利益。而且，委婉地说，当时俄罗斯自己的人权状况，特别是在经济社会权利方面，也是乏善可陈的……

值得一提的是，1991年后，对华关系已成为俄国内议程的一部分。共产党人和所谓的"民主人士"两大相互对立的政治势力针锋相对，对俄罗斯未来发展道路展开激烈论战。共产党人建议走中国道路，"民主阵营"则表示绝对不可接受。其结果是，俄罗斯政坛和社会上，部分人把中国视为反面典型甚至是政治对手，是一个站在对立面的国家。这在很大程度上影响了俄中关系的发展。

很遗憾的是，俄罗斯新政权把俄中关系用作向美国和"欧洲大国"施压的手段，希望美国和西方明白，不要认为叶利钦政府选择民主是理所当然，而应积极考虑莫斯科的政治意愿和经济诉求。在此我回想起12月15日那天，在叶利钦访华前夕，科济列夫飞往斯德哥尔摩，在欧安组织成员国外长会议上发表"关于调整俄罗斯外交政策"的讲话，语惊四座。西方那时根本不把俄罗斯当回事，而科济列夫却在主席台上突然声称，俄罗斯的传统在很大程度上，甚至基本上是与亚洲紧密相连，因此俄同西欧接近是有限度的。据说，美国国务卿伊格尔伯格听后差点心脏病发作。但一小时后，科济列夫要求再次发言，解释道："此前的发言内容只是一种演讲艺术手段而已，我只是想提醒在座的各位，在奔向后共产主义欧洲的道路上，极端反对派对我们的威胁是非常严重的。"

★ 叶利钦与杨尚昆握手

　　中国共产党和领导人坚持社会主义制度，叶利钦及其侧近人士的反共言论不能不引起中方的警觉。即使没有直接抨击中国，在当时的条件下，莫斯科和北京也很难就社会发展方向达成共识。这促使双方要为两国关系制定出一个"去意识形态化关系"的表述方式，而这一表述载入了在半年后发表的关于两国关系基础的联合声明。

　　尽管如此，在中国，不仅领导层，还是社会上，对苏联从世界政治地图上消失、社会主义在苏联和东欧国家失败感到非常难过。我当时在俄罗斯驻华使馆工作，每天所读新闻报刊，与当地人的所有谈话，全都是这些信息。我的中国朋友们异口同声地指责戈尔巴乔夫，认为是他背叛了社会主义理想，而叶利钦则将个人政治野心置于国家利益之上，毁灭了苏联这个率先取得革命胜利的国家、社会主义阵营的领导者。中国朋友们在官方交往时表态还是比较克制的，但在非正式交流中他们对此毫不避讳。

双方迟迟无法确定叶利钦访华日期。使馆认为，原因之一可能是俄罗斯国内政局不稳和叶利钦本人地位也存悬念。显然，中国最高层和智库对叶利钦能掌权多久，有无可能被推翻，心里没底。直到俄中外长7月在马尼拉东盟会议、9月在纽约第48届联大会议期间会晤后，事情才有了眉目。当时，俄外长上呈给总统的报告中提出了访华大致日期为11月底，后来又确定为12月中旬，而11月在我们内部行文中都写的是12月下半月。

俄中都有进一步发展军技合作的意愿。盖达尔政府负责军技合作的副总理是绍欣，一位才华横溢的经济学家，当年40岁出头。1992年，他两次访问中国，第一次是5月4日至5日，第二次是11月底。在军技合作领域，他的主要谈判伙伴是76岁的中央军委副主席刘华清上将。我还记得11月21日刘华清将军为俄罗斯客人举行正式午宴的情景。当时，绍欣和刘华清已经相互结识，并进行了相当愉快、亲切的交谈。绍欣开玩笑说："得知我这个文官被任命为俄中军事技术合作混委会俄方主席后，俄罗斯国防部长格拉乔夫决定授予我上尉军衔。将军先生，我就这样开始了眼花缭乱的军旅生涯！""啊？上尉？"刘华清反问道。老将军不得不耸了耸肩。

1992年9月初，在筹备首次俄中峰会的过程中，排除了一起险些酿成一场严重危机的事件。该事件的主人公姓洛博夫，他早在苏共斯维尔德洛夫斯克州委会工作时就跟随叶利钦，是其挚友。洛博夫是1991年为其老领导掌权发挥重要作用的关键政治人物，但1992年他仍未被重用，只是担任俄政府专家委员会主席一职（实为叶利钦的幕僚之一）。当时，台湾在俄罗斯和前加盟共和国开展外交攻势，认为这是与中国大陆搞外交对抗的新机遇。那时，洛博夫就想成为"对台合作老大"，主要是想从对台合作中获得经济好处。

北京显然也掌握了这一情况。俄罗斯大使被中国外交部召见，并进行了一次不愉快的谈话。大使随后立即将会见情况向国内报告，而当时是谁也无法阻止洛博夫的。因为就在 1992 年 9 月 3 日,俄总统颁布了关于成立莫斯科—台北经济文化合作协调委员会的命令。于是,9月 10 日中国外交部发表声明,就此问题阐述了中方立场。所幸的是,俄罗斯外交部及时介入。9 月 15 日,叶利钦仿佛幡然醒悟,签署了《关于俄罗斯联邦与台湾关系》的第 1054 号法令。尽管洛博夫 9 月 16 日至 21 日对台湾的访问激起了北京的强烈反应,但俄罗斯还是成功地将与台北的关系定位为非官方关系。

需要强调的是,早在 1991 年 12 月,俄罗斯当局就坚定承诺遵守一个中国原则。此前提到的 1991 年 12 月 29 日的会谈纪要中指出:"中方确认中华人民共和国政府是代表全中国的唯一合法政府。台湾是中国领土不可分割的一部分。中方强烈反对任何旨在建立'两个中国''一中一台''一国两府'或'台独'的企图和行动。俄罗斯联邦支持中华人民共和国的这一立场。"1992 年 9 月 15 日俄罗斯联邦总统关于俄罗斯联邦与台湾关系的法令重申了该立场,并于 2001 年载入《俄中睦邻友好合作条约》第 5 条,从而成为俄法律的一部分。

俄总统访华政治成果文件的磋商进展不顺。俄方建议签署一项关于俄罗斯联邦和中华人民共和国关系基础的条约,签署后交由两国立法机构批准。1992 年 8 月 19 日,俄罗斯副外长库纳泽在莫斯科会见中国外交部副部长田曾佩时,提交了俄外交部起草的条约草案。中方对峰会成果文件的形式有不同意见,建议成果文件应限于联合公报或联合声明,由两国领导人批准。俄方的逻辑当然是更充分的,我们从一开始就希望将对华关系建立在坚实条约基础上。但中国同事们表示,中国已经很久不与外国签署双边条约了。最后,俄方决定相向而行,同意了中方建议。

1992 年 10 月 23 日至 24 日,库纳泽在北京与田曾佩举行磋商。这是峰会成果文件草案商谈的最重要阶段。双方讨论了文件草案的若干要点,包括俄中关系应以何种原则为基础。田曾佩表示,两国关系应继续基于和平共处五项原则。我记得，库纳泽就此问道："为什么是五项？为什么不是七项或者十二项？"他认为，"和平共处"一词是"过时的"，建立新的国际经济秩序已经不是国际社会关心的任务了。磋商的气氛并不十分友好。中方并不妥协。因此，许多问题没能在副外长磋商中达成一致。此后，又举行了一轮磋商，就是要"准备文件草案"，由两国外交部对口司局的司长进行商谈。在叶利钦抵达北京前，所有问题都得以圆满解决。1992 年 11 月 24 日至 25 日，钱其琛部长对俄罗斯进行工作访问并受到总统接见。此访最终为高访准备工作画上了句号。

钱其琛作为中国卓越的政治家、外交家，为两国关系发挥了重要作用。1956 年他毕业于苏联中央团校，精通俄语，曾在中国驻莫斯科使馆工作多年，对俄罗斯十分了解。他的外交才华早在 70 年代就得到了周恩来总理的赏识。也正是从那时起，他开始得到迅速提拔。钱其琛不仅熟悉国际政治，而且作为顶级的俄罗斯问题专家，对同俄保持良好关系的重要性有着深刻见地。

作为翻译，我常常有机会站在俄方谈话人身后，或者坐在会谈桌对面观察钱其琛，欣赏他的谈判风采。他眼神睿智，谈吐冷静审慎，微笑充满魅力。他思维缜密、措辞严谨、幽默亲和，给人留下美好而深刻的印象。钱其琛是一位谈判大师，坚定地捍卫本国立场，但我方谈判人员和他打交道还是感到很舒服的。即使双方立场并不完全一致，与智慧的人交流总是如沐春风。更何况钱其琛深知妥协的价值，总是努力达成共识。

值得一提的是，钱其琛后来与罗高寿大使多次会面，尽管他们俩可回忆的事不少，但他从不触及旧事。20 世纪 80 年代，他们举行了艰难甚至是非常尖锐的苏中政治磋商，参加了关于柬埔寨问题的谈判，而在柬埔寨问题上苏中双方态度并不一致。钱其琛显然不想翻旧账。他不会的！而是立足当下，放眼未来。

我作为翻译，常陪同俄罗斯驻华大使和公使衔参赞去中国外交部会见田曾佩，他任副部长，后来是常务副部长（我们称他为第一副部长）。从他结实的身板和"聪明绝顶"上，似乎可看到中国外交的坚实缩影。他作为第一副外长，忠实地执行中国外交政策。田曾佩为人内敛，言语不多，思维缜密，但总是彬彬有礼，和蔼可亲。

这些话也适用于朱安康，他在 1989 年至 1993 年主管外交部东欧中亚司（1992 年前为苏联东欧司），负责对俄关系。他精干黝黑，声音低沉，笑容亲切。他和田曾佩一样，只要使馆提出见面，总是有求必应，办事情雷厉风行。一言以蔽之，他是位一流的外交家。

在该司还出了一批中国外交的"明星"，如戴秉国（最后官位最高，担任国务委员，2008 年至 2013 年期间主管中国外交事务）、刘古昌（后任部长助理、副部长，2003 年至 2009 年任中国驻俄大使）、李景贤大使、周晓沛大使和吴筱秋大使等。1992 年时，他们有的是处长、有的是参赞，与我们这些俄方同事一道，不辞辛劳地筹备俄罗斯总统访华。

我还记得宫建伟、张喜云、田二龙、范先荣、张霄等在重要谈判中担任翻译的年轻外交官，与他们并肩工作是我的荣幸。无论多么辛苦（有时真的是非常辛苦！），我们总是尽力互相帮助，合作得特别好。他们也在后来的外交生涯中大放异彩。

1992 年 3 月抵达北京的俄罗斯驻华大使罗高寿是我国著名汉学家，也是俄罗斯外交权威，一到任便敢于承担，履职尽责。正因有这样的大使，我们才能平稳解决两国关系中时不时出现的麻烦。当俄罗斯政客的某些言行让中方惊讶甚至不悦时，他总是勇于担当，耐心向中方高层领导做出解释，并努力向俄方转达中方立场。这里有罗高寿大使本人与中国领导人和外交官的人脉关系（其中许多人都有几十年的交情）、中国通的本事、地道的汉语和巨大的人格魅力等因素起了很大作用。

1992 年 4 月 12 日，罗高寿大使在人民大会堂向时任中国国家主席杨尚昆递交国书。他身着黑色大使礼服，胸前佩戴国家奖章，其中一枚周恩来总理50年代末亲自颁发的"中苏友谊纪念章"格外引人注目。我作为翻译陪同大使出席，但那时不需要做翻译。我随身带着颂词译文，但大使却自信地用中文致辞，背得滚瓜烂熟。他饱含深情的话语、标准的京腔京韵给杨尚昆留下了深刻印象，主席的脸上始终洋溢着亲切的微笑。

在罗高寿大使领导下，使馆培养出一支非常团结能干的队伍。我敢说，正是这一点保证了我们顺利完成1992年面临的重要任务，解决了很多突发事件。在发展对华关系、国内外调研、使馆内部和对外工作中，大使的得力助手是公使衔参赞沃罗比约夫。正是那一年，大部分工作都压在这位杰出的汉学家和出色的外交官肩上。

使馆还有主持各部门工作的一批出色的参赞！这里有莫伊谢耶夫、日丹诺维奇、杰尼索夫、格里戈罗夫、库利科娃、拉齐博林斯基、伏努科夫、阿格耶夫、罗季琴科夫等。1992年获任驻华商务代表是经验丰富的卡恰诺夫，他曾任苏联对外经济联络部第一副部长。负责经济事务的公使衔参赞库季诺夫，曾多年任苏联国家科学技术委员会副主席，工作卓有成效。

青年外交官们不断求索，锤炼本领、增长才干，通过那段日子的磨砺，他们后来都成长为专家，许多人后来出任大使或总领事，包括马雷舍夫、斯莫罗金、洛格维诺夫、巴拉诺夫、陶米恒、叶夫西科夫等。使馆三秘阿卜杜勒达耶夫1994年进入吉尔吉斯斯坦外交部工作，2012年至2018年担任吉外交部长。

工作相当繁重。除了使馆日常事务外，还需要处理一些非常规工作。苏联解体后，前加盟共和国外交部汉语干部和中国问题专家严重不足，于是纷纷向俄方求援。他们与中国建交后面临的任务都很重要，其中首要任务是筹备高访。俄罗斯驻北京使馆为各方提供了支持。今天看来也许不可思议，但当时根据大使指示，我作为俄罗斯外交官为一些外国元首会谈担任翻译，在白俄罗斯总理克比奇（1月19日至22日）、哈萨克斯坦总理捷列先科（2月24日至28日）以及吉尔吉斯斯坦总统阿卡耶夫（5月12日至16日）访华期间作口译工作。

1992年夏季以来，双边交往日趋频繁。随着元首会晤临近，双方互访团组数量激增。6月4日至5日，俄罗斯文化部长西多罗夫访华。6月6日至12日，司法部长费多罗夫访华。8月，中国国务院副总理田纪云和国防部长秦基伟访俄。10月，中方接待了俄罗斯最高法院院长列别杰夫、科学院院长奥西波夫和国防部第一副部长科科申。11月，原子能工业部部长米哈伊洛夫访华。

终于一切准备就绪。12月17日至19日，俄罗斯总统对中国进行了首次正式访问，与杨尚昆主席、李鹏总理举行会谈，并与中共中央总书记江泽民举行会见。

★ 1992 年 12 月 17 日，叶利钦与江泽民会见

★ 1992 年 12 月 17 日，叶利钦与李鹏会谈

　　12 月 18 日，叶利钦和杨尚昆签署了《关于俄罗斯联邦和中华人民共和国相互关系基础的联合声明》，将两国关系提升到全新水平。文件中指出，双方相互视对方为友好国家，将在国际交往普遍原则的基础上发展关系，社会制度和意识形态的差异不应妨碍国家关系的正常发展。各国人民自主选择其发展道路的权利应得到尊重。双方同意和平解决两国间的一切争端，相互不以任何方式使用武力或以武力相威胁。双方不参加任何针对对方的军事政治同盟，不同第三国缔结任何损害另一方国家主权和安全利益的条约或协定。俄中反对任何形式的霸权主义和强权政治，在任何情况下都不首先使用核武器，不对无核国家和无核区使用或威胁使用核武器。

　　双方还签署了《关于在边境地区相互裁减军事力量和建立军事领域信任的谅解备忘录》《关于和平利用与研究宇宙空间方面进行合作的协定》以及其他具体领域合作协定共 24 份。叶利钦在一次公开演讲

★ 1992 年 12 月 18 日，签署《关于俄罗斯联邦和中华人民共和国相互关系基础的联合声明》

★ 1992 年 12 月 18 日，叶利钦参观长城

★ 1992 年 12 月 18 日，叶利钦参观故宫

中，甚至建议将此载入吉尼斯世界纪录。

　　叶利钦与江泽民的会晤至关重要，它开启了此后整个 90 年代两国元首之间的密切互动。江泽民为叶利钦总统举行的工作早餐对双方建立个人友谊发挥了关键作用。最初的紧张气氛很快就烟消云散，席间交谈轻松融洽。令许多人惊讶的是，两国领导人很快就找到了共同语言。

　　我当时坐在叶利钦身旁，能感受到他对江泽民谈话中流露出对俄罗斯、俄罗斯文化和俄语的热爱感到非常开心。江泽民回忆起 50 年代中期在莫斯科斯大林汽车制造厂（后改名利哈乔夫汽车制造厂）实习 4 个月的时光，叶利钦听得津津有味。作为那次席间的翻译，我可以证明，叶利钦和江泽民彼此欣赏，他们告别时俨然已成为老朋友。

　　北京的严冬并未影响到俄罗斯总统一行参观长城和故宫的热情，但叶利钦没能飞往中国南方的深圳经济特区。缘由是 12 月 19 日清晨，叶利钦突然决定缩短访华行程，取消深圳日程，自己改道返回莫斯科。此时，这个南方城市深圳市领导和民众已在等待他的到来，更不要说由礼宾、安全、通讯、新闻工作人员以及外交部官员等组成的庞大先遣组早已先期抵达准备迎接了。按总统的指示，总统办公厅主任彼得罗夫率领代表团其余成员继续前往深圳参观访问。在深圳机场迎接专机和在酒店等待车队抵达的俄罗斯同事们久久不能相信，总统已经飞往莫斯科了。

栉风沐雨的 1992 年结束了。尽管困难重重，起起伏伏，但这一年还是圆满地画上句号。两国外交官的密切合作起到了重要作用。后来，俄中关系得到顺利、持续发展，如今得以提升到前所未有的战略伙伴关系水平。

安德烈·尼古拉耶维奇·斯莫罗金，1954 年 8 月 15 日生于莫斯科。1976 年，毕业于苏联外交部附属莫斯科国立国际关系学院，同年进入外交部工作

1976—1979 年，任苏联驻华使馆见习科员、高级见习科员；1979—1981 年，任苏联外交部第一远东司随员；1981—1985 年，任苏联驻阿拉伯埃及共和国大使馆三秘、二秘；1985—1987 年，任苏联外交部第一远东司二秘；1987—1993 年，任苏联和俄罗斯驻华使馆二秘、一秘。

1993—1994 年，任俄罗斯外交部分析预测局参赞；1994—1995 年，任俄罗斯外交部一亚局处长；1995—1999 年，任俄罗斯驻华使馆参赞、高级参赞；1999—2003 年，任俄罗斯外交部经济合作局副局长。

主管工作 - 各领域合作（主要是涉及俄罗斯能源和交通部门的多边项目）和国际组织（特别是欧安组织经济方面）。

2003—2007 年，任俄罗斯驻香港特别行政区（中华人民共和国）总领事；2007—2011 年，任俄罗斯外交部经济合作局副局长。

主管工作近似于 1999—2003 年期间任该职位的工作。

2011—2015 年，任俄罗斯驻上海总领事；2015—2019 年，任俄罗斯外交部一亚局副局长；2020—2023 年，任"大图们倡议"政府间合作机制秘书处主任。

协调落实该倡议协商委员会会议达成的共识。

抓总秘书处工作，保障东北亚地区国家在主要合作领域的对话，包括贸易和投资、交通、旅游、生态、能源、农业、银行间合作，以及地方政府、商业协会和研究机构之间的协作。

通晓中文、英文。

我和我的人生

安·尼·斯莫罗金

（原俄罗斯驻上海总领事）

在复杂背景下学习中文和接触中国文化

说心里话，邀我参与撰写中华人民共和国成立 75 周年暨俄中建交 75 周年纪念文集，这件事着实令人意外。何况其他受邀参与的作者都是响当当的人物，相比于他们，我不仅名不见经传，更未对俄中关系发展产生过些许重大影响。而与此同时，回首往昔，我意识到自己与中国的缘分竟已跨越近半个世纪（如果算上在莫斯科国立国际关系学院学习的时间，则超过半个世纪），我见证或亲身参与了这段岁月里俄中关系经历的种种巨变和事件。所以说，我的确也有资格分享自己的回忆，这亦是我和同事们拥有的共同记忆，是上天让我们共同携手，一起走过了这段半百人生路。以下文字绝不是为了总结和研究历史，只是我的个人追忆。

我的讲述要追溯到久远的 1971 年，我从莫斯科一所中学毕业，有幸考入苏联外交部附属莫斯科国立国际关系学院。中文成了我的第一外语，开启了我与中国的不解之缘。我当时的想法是，学中文这条路可不好走，尤其是想到苏中关系当时的性质和状态。很多同届学生，特别是那些"西方派"普遍向我们这些"幸运儿"抱以同情的目光，还说我们分到的语言可不那么好学，工作前景也不太乐观。总体来说，他们的说法不无道理。但是很快，我在莫斯科国关的学习生活步入正轨，一切相关的负面想法也都退居其次。中文开始为我打开了一扇全新的大门，我也对中文产生了真正的兴趣。我很想向自己证明，学会中文不是破解"天书"，而是完全可以实现的任务，这当然需要系统性的方法。一些杰出的汉学家给我们上国情课，向我们讲解"现实的中国"，即中国历史、文化、传统，所学收获巨大。他们中有齐赫文院士、历史学博士瓦西里耶夫和梅利克谢托夫，以及许多其他名声不及前者，但同样出类拔萃且兢兢业业的教师们。

应当指出的是，莫斯科国关在很大程度上是一所政治学府，外交工作要求这些未来国际事务的接班人能够具备与服务国家目标和任务相符合的世界观，以便承担捍卫国家利益的重任。众所周知，苏中关系在上世纪60年代末至70年代前半段经历了非常困难的时期，这也自然而然地在教学过程中得到体现，尤其涉及中国现代史和苏中关系的部分。尽管这样，我们学习的重点仍是放在对现象和过程的深入研究上，同时不急于下结论或作出情绪化的判断，一切从国家利益出发，如若不能同中国这样的邻国发展正常关系，就无法维护自身的国家利益。正因如此，在我们这些未来"汉学家"的观念和职业思维中，并未植入负面或敌对的中国形象，虽然那时在双方的社会上都不同程度地有过这样的情绪。

在新加坡南洋大学语言中心留学，成为我学习中文和了解中华民族的另一段重要经历。由于客观原因，苏联学生在那时无法到中国留学。为此，苏联与新加坡达成了每年互派20名学生和实习生的交流协议。苏联方面定期按照名额派出，但新加坡方面却未表现出兴趣。我们每天都跟台湾老师学习数小时的中文，从熟悉注音符号（所谓的 bo po mo fo），到掌握繁体汉字的书写，这些在我担任俄罗斯驻中国香港特别行政区总领事时派上用场，使我能轻松地浏览当地媒体刊物有关中国相关情况的介绍。与此同时，我还有机会接触到了新加坡特色的中国文化和风俗，包括晚间粤剧街头表演、夜市（小吃和商品）、中餐、佛教寺庙等。那个时候的新加坡文化，还不像今天这般深受西方影响。总之，在新加坡南洋大学的学习给我留下了最温馨的回忆，让我头一回与真实的华人社会有了一次亲密接触，了解到中国人固有的待人接物和日常生活特点。

1976 年 8 月，我刚从莫斯科国关毕业，就被派往苏联驻华大使馆工作，并从最基层的见习科员做起。无论是驻在国的大环境，还是我本人的职业经历，那段岁月都给我留下难以磨灭的记忆。

当时"文革"尚未结束，大街上仍能看到戴袖标的"红卫兵"。尽管天气炎热，湿度很高，但北京市民一律穿着朴素的衣服，以蓝、灰、绿色为主色调。唐山大地震的余波也清晰可见。刚开始担任领事处秘书时，我很快就感到了所学的语言不够用：馆里的后勤人员经常会因同中方沟通不畅从城里打来电话求助，这也让我意识到，用外语打电话远比面对面交谈要困难得多，而且用于交流的词汇远超那些政治术语范围。比如，使馆里的一名工程师曾让我帮忙向五金店店员讲清楚，他需要买的是"9 毫米左旋螺纹丝锥"。我几乎每天都会碰到这样的情况，因此加强学习刻不容缓。不过，在使馆领事处，以及在礼宾处和新闻处工作的经历，对我后来的职业生涯大有裨益。

那个时候，中国发生了一件标志着国家方针出现根本性转折的重大事件。1976 年 9 月 9 日，毛泽东逝世。一个月后，狂热推行极"左"路线的"四人帮"被粉碎。长达十年的"文化大革命"浩劫宣告结束，擘画国家和社会进一步发展的任务紧锣密鼓地提上日程。

市场体制改革拉开序幕，俄中关系正常化酝酿之中

1978 年 12 月 18 日至 22 日，中共十一届三中全会在北京召开，宣布实施改革开放政策，确定了中国现代化建设的大方向。今天，回看中

国自那时起发生的巨变，可以肯定地说，那是新中国成立以来中国历史上具有重大意义的转折。经济建设成为国家工作的中心，历史性的变革进程就此起步。45年前，在经济相当困难、政治不稳定的背景下，很难想象中国将如何实现既定目标。在初期阶段，由于苏联方面对十一届三中全会决议所提出的诸多观点持怀疑态度，因而也未能给予必要的重视。导致这种情况发生的原因还包括一些主客观因素，首先就是，由于种种缘故，苏联驻华使馆主管中国内政问题的负责人当时不在北京。其次，苏中关系当时处于冰点，这种状态迫使苏联对邻国中国出现任何情况都不敢轻易下结论，生怕对双边关系下一步走向产生影响。

与此同时，尽管将要求苏联消除"三大障碍"设为关系正常化的前提条件，令"解冻"苏中关系看似天方夜谭，但还是朝着这个方向慢慢推进。这是一个循序渐进、摸着石头过河的过程，并不时受到此前日积月累的恐惧和成见所干扰。"小步走"，逐渐地带来了互信的累积，继而点燃了双方各领域合作与交往的星星之火。

就这样，1982年3月，苏联提议建立苏中边界信任措施的设想得到中方回应。1982年10月，自1980年起中断的苏中副外长级谈判得到恢复。1984年，苏中开始筹备签署《1986年—1990年长期贸易协定》。戈尔巴乔夫上台时，苏中关系已发展到一定程度，为他最终实现两国关系全面正常化创造了条件。

随着所谓的"三大障碍"得到逐步化解，中方也萌生实现两国关系全面正常化的意愿。1988年12月，苏中两国外长举行会谈，就外国军队从柬埔寨撤出问题接近达成共识。苏联宣布裁军50万，并从蒙古撤军。苏联还重新调整军区设置，使其在形式上不再针对所谓的"中国威胁"。

戈尔巴乔夫的历史性访华

1989年2月，苏联外长谢瓦尔德纳泽访问北京，商定了戈尔巴乔夫访华的时间和形式。正是在那一次访问中，中国领导人邓小平在会

★ 2004 年 3 月，正进行环球航行的希望号帆船训练舰抵达香港，图为成龙参观该舰（下图右为作者）

见谢瓦尔德纳泽时提出"结束过去，开辟未来"的论断，这一论断后来成为双边关系正常化的重要引领。谢瓦尔德纳泽的访问对苏联驻华大使馆来说是一次真正的考验，因为筹备此类活动在那个时期是个空白，所有事情都是第一次做，都需要学习。

筹备访问刚好赶上北京正处于十分复杂的形势，而我们此前积累的经验派上了用场。从意义和影响上说，这次访问堪称苏中关系的头等大事，充满了戏剧性，包括与中国内政方面，但它并没能阻碍苏中确定双边关系新定位的共同客观意愿的实现。与馆里绝大多数工作人员一样，我也参与了苏联代表团的接待工作，因此有机会"从内部"观察到发生的一切。我被指定为戈尔巴乔夫国际事务助理沙赫纳扎罗夫的联络员。我也很荣幸作为大使馆二秘与托卡耶夫一秘共同出席了戈尔巴乔夫与赵紫阳的会谈，并做记录。

戈尔巴乔夫1989年5月的访问，特别是他与邓小平等中国领导人举行的会谈，成为苏中关系正常化的最重要里程碑，双方当时达成的共识和相互理解为进一步全面发展双边关系打下基础。1989年5月18日，双方发表联合公报指出："双方一致认为，苏中两国高级会晤标志着苏中两国国家关系正常化。这符合两国人民的利益和愿望，有助于维护世界的和平与稳定。"

苏联解体并未对作为苏联继承者的俄罗斯联邦领导人继续奉行巩固对华关系政策这一主线产生实质性影响。双方共同努力的重要成果之一，包括通过签署一系列协议最终解决了边界问题，这些协议确定了国界线走向、边防设施和国界管理制度，以及达成《关于在边境地区相互裁减军事力量和加强军事领域信任的指导原则的协议》。与此同时，务实合作也在稳步发展。合作领域广泛，涵盖经贸、能源、交通、科技、人文、军事技术等各个方面。

俄中友好合作关系的定位不断迈上新台阶

值得一提的是，俄中关系不断向前发展的过程，也是其官方政治定位不断提升的过程。

众所周知，1992 年 12 月 18 日，俄罗斯总统叶利钦与中华人民共和国主席杨尚昆在北京举行了首次俄中元首会晤，签署并发表《关于俄中相互关系基础的联合声明》，指出"俄罗斯联邦和中华人民共和国相互视为友好国家"，"将两国关系提高到一个新的水平并使其进一步巩固和发展，符合两国人民的根本利益"。

1994 年，由于两国关系的进一步巩固和发展，俄方提议在与中国新任国家主席江泽民举行的第二次俄中元首会晤成果文件中纳入一条内容，将双边关系定位为"建设性伙伴关系"。可以佐证这种"建设性伙伴关系"的是，元首会晤期间与上述《俄中联合声明》一同签署的还有《俄罗斯联邦总统和中华人民共和国主席关于互不首先使用核武器和互不将战略核武器瞄准对方的联合声明》和《俄中国界西段协定》等具有重要政治意义的文件。1994 年 8 月，为参加《俄中联合声明》和其他文件的最后商定工作，我随同罗什科夫（时任俄罗斯、哈萨克斯坦、吉尔吉斯斯坦和塔吉克斯坦对华谈判联合政府代表团副团长）前往北京。那次旅行令人难忘，因为它恰逢我的 40 岁生日。与中方的合作总体上还算顺利，只剩有关"建设性伙伴关系"这一表述未能达成一致。中国外交部的同事，一次次见面反复请俄方解释这一措辞的含义，以及将其纳入两国领导人联合声明的考虑。找到论据并作出解释性说明并不是件易事，但瓦西里耶夫先生（时任俄驻华大使馆公使衔参赞，俄罗斯专家组负责人）当时却是几天不停地反复向中方进行说明、解释。为取得成果，罗高寿大使甚至将我和罗什科夫的出差时间延长了数日。最后，我们的论据说服了中方，中国同事告诉我们将接受俄方的建议。

因此，1994 年 9 月 3 日在莫斯科签署的《俄中联合声明》中指出：

★ 2013 年 5 月，基里尔大牧首访问上海（上图右 1 为杰尼索夫大使，右 2 为作者）

"双方高度评价 1992 年第一次俄中高级会晤以来两国关系充满活力的顺利发展，并认为两国已具有新型建设性伙伴关系，即建立在和平共处各项原则基础上的完全平等的睦邻友好、互利合作关系，既不结盟，也不针对第三国。"值得注意的是，正是从这份文件开始，俄中关系的定位逐步提升，反映了互信不断加深的积极态势。

这一过程的后续发展也不乏戏剧性。1996 年 4 月，俄罗斯代表团在前往北京参加元首例行会晤途中，紧急指示俄罗斯驻华使馆商中方同意对业已敲定的两国领导人联合声明中关于俄中关系定位的内容作修改。这是一项非同寻常的任务，因为众所周知，此类文件需要高层批准，这当然需要一定的审批程序。尽管如此，中方朋友们还是在很短的时间内完成了这一流程。因此，我们看到，叶利钦总统和江泽民主席于 1996 年 4 月 25 日在北京签署的联合声明中指出，俄罗斯联邦和中华人民共和国"宣布决心发展平等信任、面向 21 世纪的战略协作伙伴关系"。

这一基本表述及与其相似的表述已牢牢载入双方正式定位俄中关系时的政治术语库。2001 年 7 月 16 日，普京总统与江泽民主席在莫斯科签署的《俄中睦邻友好合作条约》也含有该表述。同时通过的《俄中元首莫斯科联合声明》也明确指出，"两国的友好关系是建立在不结盟、不对抗、不针对第三国基础上的新型国家关系"。

俄中关系在各领域的深化、两国国内政策的转变以及两国在不断变化的国际环境中的定位都在不断发展，并影响着两国相互关系特征的进一步演变。俄罗斯联邦总统普京 2012 年 6 月访华的成果文件将双边关系定位为"平等信任的俄中全面战略协作伙伴关系"，而两国领导人 2014 年 5 月 20 日发表的《上海声明》则谈到了"俄中全面战略协作伙伴关系新阶段"。2023 年 3 月 21 日习近平主席访俄期间，双方在莫斯科签署并发表《俄罗斯联邦和中华人民共和国联合声明》，其中提到"深化新时代俄中全面战略协作伙伴关系"。

总结及致谢

俄中关系进一步发展的总方向已经确定。在当今世界，这已成为客观现实，对国际局势的影响和稳定作用越来越重要，不能不予以重视。预测俄中关系的政治属性会发生怎样的变化是白费功夫。可以明确地说，如果确有需要预测，那么这种变化的方向已十分清晰。正如 2021 年 6 月 28 日签署的《俄罗斯联邦和中华人民共和国关于俄中睦邻友好合作条约签署 20 周年的联合声明》所指出，"俄中关系不是类似冷战时期的军事政治同盟，而是超越该种国家关系模式……"

如果现在问我，我在半个世纪前开始学习中文，并几乎将一生奉献给了中国方向的工作是"幸运还是不幸"，我可以肯定地说，是幸运的。在命运的安排下，我有幸"近距离"目睹俄中两国关系发生根本性变化的过程，时而有幸能见证戏剧性的事件，还直接参与其中，我认为这是一种巨大的成功，也是一种殊荣。

我的幸运还来源于一点，自我在苏联外交部工作的第一天起，包括后来在驻华大使馆工作期间，我有幸结识了许多卓尔不群的杰出领导。同这些领导的交流让我得以陶冶智慧，从他们身上学习到很多宝贵经验。首先要提到的是，时任苏联外交部第一远东司贾丕才司长非常重视与年轻干部交流，促进青年人的职业成长，并及时提醒告诫不要犯错。在北京工作的最初阶段，与托尔斯季科夫大使的交往给我留下了最深刻的印象。这位国家级领导人不仅邀请年轻人到他的官邸"看电视"，还会出其不意地来到他们宿舍做客，了解生活情况。还有很多其他领导也对我的职业成长起到重要作用，我想特别提到曾在不同时期担任过我国驻华大使的特罗扬诺夫斯基和罗高寿先生。我有幸在这些高级外交官的指导下工作，简直是命运的恩赐。他们都是真正的专业人士，总是那么平易近人，随时提出建议，分享经验，在作出"指导"的同时，还不乏与生俱来的幽默风趣。

今天，正如双边政治文件所述，"俄中关系达到了历史最高水平"，这是俄罗斯驻华外交机构和俄罗斯外交部诸多同事的努力成果，当然其中也有我个人的微薄贡献。

俄罗斯领导人与外国领导人的高级别会谈材料，包括元首会谈材料主要由俄罗斯外交部基于相关政府部门的建议撰写，这已不是什么秘密。就中国而言，这主要涉及两国领导人互访和总理定期会晤机制框架内的交往。我在外交部工作的最后几年里担任一亚局副局长，很大程度上负责处理此类会晤的筹备。通过记录俄中领导人谈话的主要内容，我也在 21 世纪第一个 10 年后半期的俄中关系史上，留下了无法公开又实实在在的一笔。

当然，筹备元首及高级别双边会晤是一项集体工作，涉及众多参与者，每个人都有理由享有成果。正如中国人常说的那样，"孤掌难鸣"。因此我觉得也必须向中方同事们致以由衷的谢意，多年来，我们不仅与中方同事建立了良好的工作关系，还在相互理解的基础上结下真挚友谊，共同处理解决问题。

最后，我想透露一个秘密：苏联著名外交官、汉学家白金林多年前说过："冷静，不必担心，我们的中国同志不会坑我们的。"时至今日，在一亚局以及俄罗斯驻华使馆的工作人员中，每当工作遇到困难，需要进一步研究和反复商量才能作出决定时，这句名言仍被不同级别乃至高层领导引用。

作 者 简 介

谢尔盖·谢尔盖耶维奇·拉佐夫，1953年1月28日生。1975年，毕业于苏联外交部下属莫斯科国际关系学院。通晓汉语、英语、波兰语及意大利语。

外交职衔：特命全权大使（1992年）。俄罗斯联邦功勋外交工作者（2013年）。

曾在苏联驻华商务代表处、苏共中央国际部工作，自1990年起进入外交部工作。1990年—1992年，苏联/俄罗斯外交部远东及中南半岛国家局局长；1992年—1996年，任俄罗斯联邦驻蒙古特命全权大使；1996年—1999年，任外交部第三独联体国家局局长；1999年—2002年，任俄罗斯联邦驻波兰共和国特命全权大使；2002年—2005年，任外交部副部长；2005年—2013年，任俄罗斯联邦驻中华人民共和国特命全权大使；2013年—2023年，任俄罗斯联邦驻意大利共和国兼圣马力诺共和国特命全权大使。

曾获俄罗斯联邦友谊勋章（1996），俄罗斯联邦政府奖（2002），荣誉勋章（2007），俄罗斯联邦总统感谢证书（2008），亚历山大·涅夫斯基勋章（2018），"为祖国服务"四级勋章（2023），俄罗斯联邦总统荣誉证书。

中国的魅力令人心驰神往

谢·谢·拉佐夫

（原俄罗斯驻中国特命全权大使）

　　写东西需要有天赋，但能不写则是一种智慧。我早就发誓不写回忆录，不是没有理由的。我认为回忆录是一种最奇特的文学体裁，作者往往描述的并非是一件件往事的本身，而更多是作者本人在其中的角色，而且还是重要的角色。

　　然而，正如我尊崇的孔夫子所言："大道其行，名利附之，君子所为也。"当同仁相邀在这部集子中留下关于对华关系一路走来的点滴过往，与后来人说说那曾经的岁月，理智说服了我，因为值得回忆的东西确实不少。人生天地间，若白驹过隙，忽然而已。

不寻常的年月：在中国工作的难忘回忆

　　1970年，我考入苏联外交部下属的莫斯科国际关系学院，中文成了我的第一外语。彼时，珍宝岛事件刚过去不久，苏中关系跌至冰点，亲朋好友纷纷对我选择学习中文报以同情。实际上，当时外语专业的分配并不取决于个人意愿，我根本没得选。

　　1974年临近大学毕业时，我被派往苏联在北京的商务代表处实习。在我隔壁住的也是一名大学生，也是学中文的，我们来往很密切，他名叫卡瑟姆若马尔特·克梅列维奇·托卡耶夫，现在已成为哈萨克斯坦总统。尽管我读书期间十分用功，老师们（其中不乏中国人）也夸我学得不错，但第一次收看收听中国的电视电台节目我竟然完全不懂，那种崩溃的感觉至今清晰，我甚至禁不住问自己：你大学四年到底学了一门什么语言啊！？随着时间的推移，中文对于我才渐渐不那么高不可攀，以至于我现在常开玩笑地说：中文学习，也就前三十年难，而后便轻松了。

1975 年大学毕业后，我被派往北京工作。1979 年，回到莫斯科，开始在苏共中央委员会对社会主义国家共产党和工人党联络部工作（尽管苏中关系正经历困难，但中国仍是社会主义国家）。

回想起来，70 年代后半叶，我在北京工作生活的年月可谓多事之秋。1976 年夏，唐山大地震。中国政府预测可能会有严重余震，住在使馆区的居民不得不在露天支起帐篷过夜，一待就是几个星期。人们在地下挖个洞，把少得可怜的家当藏进洞里。这一幕让我们真正见识到了大多数中国老百姓的日子是何等贫困，因为那里毕竟还是首都啊！

1976 年 1 月周恩来逝世，"四五运动"后邓小平被罢免，7 月朱德逝世，9 月毛泽东主席逝世，随即"四人帮"被粉碎。1976 年是龙年，这一年成为中国历史的转折之年。1978 年 12 月中共十一届三中全会召开，翻天覆地的改革就此打响，中国面貌迎来巨变。总的来说，在北京的四年，尽管生活等方方面面都遇到不少难题，但我有幸见证了许多大事，工作也丰富多彩，这一切给年轻的我留下了不可磨灭的印迹，这份记忆令我珍藏至今。

激情燃烧的岁月：在苏共中央国际部工作

回国后，我在苏共中央国际部中国处工作了近 11 个年头。尽管当时苏中两党间没有联系，但中国处大量参与对华政策制定工作。老一辈的著名汉学家罗满宁、沙巴林、季塔连科、库利克等都曾在那里供职。我的同僚亦挚友杰尼索夫、伏务科夫、莫尔古洛夫、巴让诺夫后来也

★ 1988 年 12 月 2 日戈尔巴乔夫会见钱其琛（谈判桌一侧、戈尔巴乔夫左 1 为作者）

都在苏共中央工作过。那时候，我们每天都会和苏联外交部的贾丕才、罗高寿、基列耶夫等同事一起开展工作。正是苏中双方一年年的共同努力，逐渐为两国关系正常化创造了条件。这其中，最值得一提的当属 1988 年 12 月中国外交部长钱其琛到访莫斯科和苏联外长谢瓦尔德纳泽 1989 年 2 月对北京的访问。

　　纷繁复杂的细节我就不赘述了，那段过往可谓不同寻常、百转千回。我相信，曾直接参与见证这段历史的其他俄中同仁会用自己的笔在本书其他章节进行回顾，而我暂且只谈谈个人印象最深的地方吧。

　　1987—1988 年的某天（具体时间记不清了），我在莫斯科的中国大使馆同时任中国驻苏联公参，后来成为驻俄罗斯大使的李凤林先生长谈了数个小时。他是极富经验的外交官，精通俄语（上图中钱其琛同志一侧左 1）。我们围绕消除长期影响苏中关系正常化的所谓"三大障碍"，深入讨论了双边关系存在的问题。中国高级外交官在使馆里会见苏共中央委员会国际部中国处处长（当时苏中之间没有党际交往），这次见面本身的意义甚至比谈话内容还重要。我按照规定整理好本次会见简报，并上呈给时任苏共中央国际部部长兼书记瓦·安·梅德韦杰夫，他随后又将简报批阅给苏共政治局委员及中央书记处成员。

通过我本人的一段亲身经历，可以看出当时党政机关的纪律和等级制度有多么严格。当时，苏共中央政治局设有中国委员会（类似于当时的波兰委员会和阿富汗委员会）。中国委员会由苏斯洛夫领导，成员包括葛罗米柯、乌斯季诺夫、安德罗波夫及其他高层领导。委员会定期讨论对华关系的重大问题，有关决定需要向勃列日涅夫报告，并形成苏共中央委员会正式决定。会议讨论的参阅材料则由中央委员会各部门、外交部、国家安全委员会、国防部、科学院等部门准备。

有一次，我们为委员会准备了涉及中国国内形势和苏中关系的会议材料，材料有十来页。我们编辑校对文稿，一直干到半夜。当时没有电脑，只能使用打字机在特制的直纹纸上打印材料，因为技术上无法实现修正，所以拼写错误是绝不允许的。材料准备好后，我们即向第一副部长罗满宁报告。由于时间紧迫，罗满宁还没来得及通读全文便指示我们将材料上呈给苏斯洛夫"审阅"。第二天一大早，罗满宁召集全体人员开会，包括参与材料起草的顾问。他言辞委婉，却清楚明晰地对我们进行了教育。原来啊，苏斯洛夫的秘书在我们上呈的材料中发现了绝不可接受的政治性错误，并立刻给罗满宁打了电话。材料中将"坚不可摧的苏越友谊"写成了"坚不可摧的苏中友谊"（这恰恰是苏中关系正常化的"三大障碍"之一：中方认为，苏联在支持越南"侵略"柬埔寨）。工作到大半夜，着急忙慌的，大家困得眼睛直打架，于是便出现了笔误事件。罗满宁让我们站成一排，跟我们讲了机关工作的属性，特别是外交部工作的特点。他说，斯大林时期外交部也曾在起草元首文稿时出现过类似错误，时任外长维申斯基召集所有当事人前去"领赏"，按级别"赏赐"所有签批过这份文件的人：副外长——批评、处长——警告、参赞——严厉警告，起草人、也是当时外交部最年轻的文稿执笔人则被开除。在罗满宁办公室听了这个故事后，大家都陷入了沉默。我当时只觉得脊背发凉，因为我正是那份会议材料的起草人。幸好这一次组织没有给予我任何处分。但这次经历教会我要认真核改每一份报批文件。当然了，也没那么绝对，主要是那些比较重要的文件。

1989 年 5 月，戈尔巴乔夫对中国进行了历史性访问。大约三个星期的时间，我们在达维德科沃国家别墅集中办公，准备相关谈参等材料。由总书记顾问奥斯特洛乌莫夫担任组长，而访问筹备则由戈尔巴乔夫的秘书沙赫纳扎罗夫（著名电影导演的父亲）牵头。我们很清楚，此访将开启苏中关系新篇章，因而我们翻阅了大量参考文献、调研材料，字斟句酌地打磨讲话稿，文思泉涌。

访问前不久，沙赫纳扎罗夫来到我们集中办公地，草草翻了一下我们准备的一沓材料（包括同中国领导人会见的谈参及各场正式活动、新闻发布会上的讲话稿），随即皱起了眉头并对文稿组的人说："伙计们，这东西不行啊！"没一会儿，他就在现场接起了戈尔巴乔夫打来的电话，询问文稿准备情况。沙赫纳扎罗夫则例行公事地汇报说：没问题，文稿组干得不错。尔后，他叫来了两名速记员，当着我们的面开始以口授形式修改文稿。他大幅缩减了原稿，使文字整体更为通顺流畅，这种一丝不苟的精神和高度专业性令人非常钦佩！

最后，期待已久的访问在戏剧性的背景下拉开帷幕。代表团飞机刚要降落北京时，我们收到消息，原定于天安门广场的欢迎仪式（铺红地毯、奏国歌）将改至首都机场举行。

戈尔巴乔夫携夫人及代表团成员来到苏联驻华使馆的情景我记得非常清楚。我们当时都在经过特殊保护的大使办公室里，除了戈尔巴乔夫夫妇外，还有代表团成员，包括谢瓦尔德纳泽、雅科夫列夫、马斯柳科夫、普里马科夫、沙赫纳扎罗夫、恰佐夫院士、罗高寿、驻华大使特罗扬诺夫斯基、苏联外交部知名汉学家沃罗比约夫（应该没有遗漏谁吧），我这个不起眼的苏共中央国际部中国处处长也出席。几乎当时在场的所有人如今都已仙逝，想起来也是很感伤。我当时也没想过自己会在十五年后回到这间办公室，并在这里作为俄罗斯联邦驻华大使度过八年的岁月。

戈尔巴乔夫和代表团成员分享了自己对北京的第一印象，还特别问了问大家，需不需要回应一下中国大学生组织的请求和他们见见面？毕竟这些学生支持苏联改革政策及"民主化""公开性"等口号。普里马科夫、马斯柳科夫和谢瓦尔德纳泽都异口同声地表示不建议这样做，因为此访最重要的活动是同邓小平会见，这场活动尚未举行，它将关乎整个访问的成败，甚至苏中两国关系的未来。更何况，中国青年虽然请愿口号喊得漂亮，但背后的反政府色彩却不言自明。在场的戈尔巴乔夫夫人对丈夫说："他们都是聪明人，听他们的建议吧。"最后，戈尔巴乔夫同意了。

戈尔巴乔夫同邓小平的会见至关重要且十分独特。邓小平不愧是中国政坛泰斗（"长老"），从会谈一开始便掌握主动，细数沙皇俄国、斯大林、赫鲁晓夫对中国的欺侮，谈到了中苏大论战、领土争端、影响关系正常化的"三大障碍"等一系列问题。他一口气讲了很久，戈尔巴乔夫也没有打断。轮到戈尔巴乔夫开始讲话时，他一上来就指出，对于过去双方的看法或有不同，但应着眼未来。此话一出，邓小平立即应声说道，今天我们就要结束过去、开辟未来，恢复两党、两军之间的交流。插句题外话，当时戈尔巴乔夫的汉语翻译是白金林，他的译文邓小平并不是全都听得懂，所以邓小平的女儿邓榕一直在耳语解释大意。邓榕是极有魅力的女子，我后来还多次在北京和莫斯科与她见过面。

1990年，离后来的"八月事件"不到一年时，我调到苏联外交部，任亚洲局局长，主管同中国、蒙古、朝鲜、韩国及中南半岛国家的关系。我之后的十五年外交生涯（先后任驻蒙古大使、外交部独联体局局长、驻波兰大使、副外长）的经历尽管也可圈可点，但考虑到与本书主题并无直接关联，遂略去不表。

彻底解决边界问题，在中国当大使的点滴回忆

2004 年 10 月，普京总统在出发访华的前几天召集开会讨论了一些问题，其中包括将同中方签订《俄中关于东段国界的补充协定》，以缔结条约形式确定双方均可接受的方案解决当时尚未划定的国界问题，即额尔古纳河上游的阿巴该图洲渚及黑龙江与乌苏里江交界处的银龙岛和黑瞎子岛归属。我代表外交部在会上作汇报。我仍记得，为了这次汇报做了详尽周密的准备，包括找到那些十分熟悉苏中四十年边界谈判的专家，向他们请教。我汇报完毕后，现场并没有什么异议及讨论。协定草案被批准后在访问期间顺利签署。回望过去，不得不赞叹俄中两国领导人的高瞻远瞩和政治智慧。双方达成了历史性妥协，彻底解决了边界问题，为双边关系健康稳定发展创造了良好条件。

2005 年春，我被任命为俄罗斯驻华大使。我十分激动，也完全明白这意味着巨大的责任。我在行前受到了普京总统的接见，他对我的寄语就是要全力推动俄中战略协作伙伴关系不断向前发展。

2005 年 6 月底、7 月初，中国国家主席胡锦涛访俄来到莫斯科，普京总统还把我介绍给了他。

以全新的身份再次踏上中国的土地，距离我首次赴华常驻已过去了整整 30 年。作为亲历者，我可以证实，短短一两代人的时间内，中国便在经济社会发展、军事、文化、科技建设等领域取得了巨大成功，跻身世界前列。这得益于勤劳勇敢的中国人民和中国政府的高效施政。

我担任驻华大使的八个春秋里，两国领导人多次互访，签署多项重要文件，经济和地方合作不断推进。

我想，双方交往的数量还是令人感叹的。根据我的计算，从 2005 年 8 月到 2013 年 4 月，先后对中国进行了 6 次总统访问，5 次俄罗斯

★ 普京总统接见作者

★ 普京总统同胡锦涛主席举行会见

政府总理访问，以及 47 次俄罗斯联邦议会两院领导人、政府副总理、安全委员会秘书、总统办公厅领导、外交部长和国防部长的访问。同期，中华人民共和国主席访问俄罗斯 6 次，全国人大常委会委员长访问 4 次，

★ 吴仪（上图）和戴秉国（下图）出席俄驻华使馆招待会

★ 杨洁篪携家人在俄驻华大使官邸作客

中华人民共和国国务院总理访问 5 次。在许多国家举办的国际活动间隙，我们两国最高领导人举行了 21 次会见。所有这些访问、会见和会谈的准备工作都有俄罗斯驻中国大使馆不同程度的参与。

我携夫人去过中国多个省份，遍赏风土人情。对于当时俄中各领域双边交往的中方主管领导及同事，我总是满怀感激之情，他们其中就有王岐山、吴仪、刘延东、戴秉国、杨洁篪、李肇星、李淑铮、李辉、程国平、张汉晖、张德广、刘古昌、周晓沛、张志明、周力、桂从友、程一堃。这样的人实在是太多、太多了，十分有幸同他们相识合作。

2009 年 6 月，外交部长杨洁篪携家人来到我的官邸作客。此类聚会还有很多。中方同事在工作之余对我们的关怀无微不至，让我们切身感受到他们的深情厚谊和对我的祖国所怀的敬意。

　　我同外交部负责中国方向的各位同仁们一直合作愉快，且有着兄弟般情谊，我对他们满怀感激。杰尼索夫、莫尔古洛夫、库里克、阿法纳西耶夫、伏务科夫、陶米恒、别雷、洛格维诺夫、季诺维也夫、巴尔斯基、瓦西里耶夫、斯莫罗金、科兹洛夫、热洛霍夫采夫、日尔诺夫、梅加尼克、波瓦利亚耶夫、法捷耶夫。这样的同事数不胜数，他们中大部分人都已任大使，我相信，还没有当上大使的有朝一日也定会出使国外。

　　我仍记得同中国前国家最高领导人江泽民会面的情景。俄著名指挥家捷杰耶夫曾跟我讲过一个故事。一次，捷杰耶夫随团在中国巡演时，江泽民向他许诺，在北京新建的国家大剧院落成之后，定会让他的乐团成为最早在那里登台演出的乐团之一。江泽民兑现了自己的承诺，甚至还出席了那场演出。我当时就有幸坐在江泽民身旁。我们聊了几分钟，但演出刚一开始，江泽民就被精彩的表演所吸引，完全沉浸在

★ 国家主席胡锦涛会见作者

自己的世界里。他很懂也很爱音乐。音乐会后，江泽民还专门感谢捷杰耶夫及乐团全体成员献上的音乐盛宴。我还记得，2008 年 8 月普京访华期间，还专程拜访正在国宾馆休养的江泽民。两位老朋友的会面十分温馨。江泽民像唠家常似的聊起近来读的书、听的音乐，讲到自己天天学习英文，每天都要做操和游泳。当然，俩人还聊了政治。最后，江泽民用标准的俄语讲了一句谚语，结束了会面："рад бы в рай，да грехи не пускают！"（谁都想上天堂，心有余而力不足啦）

我非常感谢中方（我坚信肯定不止我一人），同意我们在俄罗斯驻华使馆重建东正教堂博物馆（使馆所在地曾是俄东正教团驻地）。普京多次在同胡锦涛主席会见时提到重建东正教堂博物馆一事，具体问题则由我和时任中国副外长李辉进行商谈。本着相互理解和合作的精神，我们达成了双方均可接受的解决方案。之后，我们在使馆原车库的位置成功重建东正教堂博物馆，并于 2009 年普京总统访华时举行盛大的落成仪式。

2007 年 3 月，时任国家主席胡锦涛在访问莫斯科后返回北京的路上顺访喀山，受到以沙伊米耶夫为首的鞑靼斯坦领导人的热烈欢迎。胡锦涛参观列宁母校喀山大学时还问到，当年乌里扬诺夫（列宁原名）坐的是哪张课桌？当听到列宁曾为不被学校开除立下书面保证不从事革命活动时，胡锦涛说：看来，他没能信守诺言啊！

2012 年，俄罗斯总统梅德韦杰夫在上海出席世博会，同时任中共中央政治局常委习近平同志共进午餐。

未来的中国最高领导人当时满怀同志情谊地讲到，在自己年少时听父亲习仲勋（卓越政治家、周恩来总理的战友）讲述两国人民源远流长、亲如家人的深厚友谊。他在讲述这些生活片段时不加丝毫粉饰，却也极为动人，这一点在中国领导人身上并不多见，更何况是如此高级别的领导人。梅德韦杰夫总统在此次会面后讲到，习近平同志是新一代的中国领导人。我对此完全赞同。

★ 作者与梅德韦杰夫总统同行

　　我对 2008 年北京奥运会的记忆很深刻。8 月 8 日 20 点，萨卡什维利政权入侵南奥塞梯给正在举行的盛大奥运会开幕式蒙上阴影。时任总理普京当时受邀出席开幕式，几乎一整夜在钓鱼台通过专线做着必要部署，运筹帷幄。

　　北京奥运会开幕数月前，四川省发生了强烈的大地震，83000 多人丧生，37.4 万人受伤，数百万人无家可归。俄方立刻驰援，派出搜救队，并由紧急情况部搭起了临时医院（共有 22 架俄专机飞赴救援，救援物资价值达 1400 万美元）。俄搜救队是唯一从废墟中救出幸存者的外国救援队。被救出的女子后来还向俄搜救人员写了感谢信，我们也同她在驻华使馆亲切交谈。一年后，2009 年 5 月，我同其他外国驻华使节一同出席了在四川震中举行的悼念活动。

2013 年 4 月，我卸任驻华大使，离开北京。此前举行的中共十八大及 2013 年的全国人民代表大会已选举习近平同志为党和国家最高领导人。辞行拜会时我还受到时任国务院总理李克强接见。可惜的是，他 2023 年就不幸逝世了。

刚一卸任，我便立刻接到任命出使意大利，在那里一干就是十年。开玩笑地讲，我在中国和意大利的工作经历可缩略成"中大利"这一个词。现在我已经退休了，和老伴算了算，这一生中有三十年都在海外工作生活，其中二十五年任驻外大使。遇人、经事、谋面、感慨，百感交集，交相辉映，绚烂夺目。但中国就像初恋，永藏心底。智者常说，老了也别怕，很多人想老，还没机会呢！

结束语：不为意识形态左右的俄中关系

追忆往事就到此吧。下面我想谈谈自己对俄中关系 75 年发展的一些看法和判断，我希望下面的见解有所裨益。我想，我有理由这样说。

在七十五载历史长河里，俄中两国一路走来，起起伏伏：从依托共同的意识形态和政治立场结盟，到相互敌对甚至剑拔弩张，再发展到如今建立新时代全面战略协作伙伴关系。

当前，俄中关系达到历史最高水平，两国拥有广泛共同利益，兼顾彼此关切，在原则问题上相互坚定支持，不结盟，不针对第三方。事实证明，俄中关系具有永续发展的强大生命力。俄中同属世界大国，互为最大邻国，能达到如此程度的双边关系看似理所应当，实则对于国际政治来讲非同一般，举足轻重，俄中关系的发展也是权威学者潜心研究的对象。若非以史为鉴，今天的高水平俄中关系是不可想象的。

在我看来，最突出的经验就是，在上世纪六七十年代（八十年代稍好些），苏中双方都过于沉迷固执于自己的意识形态原则及对社会制度、国际社会主义运动的看法，以至于一些观点上的分歧直接影响到双边关系。直到最后，各方才共同认识到，只有摒弃意识形态禁锢，才能真正实现双边关系正常健康发展。当然，这并不意味着两国无权对彼此国内形势、社会制度、经济社会改革、自由和人权有各自的看法。

实践证明，国家间关系的"去意识形态化"，有助于各国施行政策时能够摆脱自身思想、理论和理念的局限，更加趋于理性、效率与利益。这一真理如今看来显而易见，甚至稀松平常，但在曾经的那个年代却意味着需要展现极大政治意志、摒弃根深蒂固的思想理念。历史和实践的千锤百炼中，俄中双方还形成了一大共识，即一个国家的人民和政府最清楚本国问题，最有能力找到最佳解决方案，国际上意识形态的图谱是多样的，任何企图拯救他国、强加意识形态的救世主心态、教师爷主张都站不住脚。

顺便说一句，宣扬吉卜林所谓"西方就是西方，东方就是东方，二者永不相融"的论调，鼓噪俄中两国制度互斥、发展相左的行径，在我看来并不具说服力。从战略层面上看，两个国家有差异是正常现象，这是历史、地缘政治、文化等各方面共同造就的结果。而从战术层面上看，双方应适时采取措施，积极寻求彼此均可接受的解决方案，防止有关问题扩大激化，进而影响或是危及两国战略性合作。

俄中正是本着上述精神成功划定了国界走向，而边界问题是对双方舆论都极为敏感的问题。

兼顾并尽可能对接彼此利益，这是俄中关系 75 年发展史带给我们的另一条重要经验。若客观公允地对比分析俄中两国根本利益，则会发现双方主要利益相同或相近，两国都致力于和平与发展，为经济社会发展和人民福祉创造和平环境，不接受外来干涉。在形成这一认识后，随着国际局势快速发展演变，妥善兼顾并对接彼此切身利益、相互支持对方维护国家民族的根本利益变得愈发现实可行。

俄中双方从两国关系发展史中，吸取的另一大教训则是：相互对抗不仅毫无意义，更是行不通的。谁都记得，苏中相互对抗让双方付出了何种代价，给两国内政外交造成多么巨大的损失。上世纪 60 年代末到 70 年代末，为了应对可能发生的中苏对抗，中国每年的军费支出在国家预算中占比都很高。而苏联一方，根据有关测算，则在修建苏中边境军事设施上耗费了 2000 亿卢布。当其他国家纷纷走上高速发展道路之时，苏联和中国却因军事对峙耗尽气血。双方早已认清这一政策的破坏性，开始逐渐缓和边境地区的军事紧张，继而后撤部署在毗邻地区的兵力，最近一段时期更是成功举行以反恐、维和、维稳为主题的大规模联合军演。

我还想谈谈另一个方面。俄中乐见彼此实现成功发展并保持政治稳定。过去 75 年里，中国及两国关系的发展历程表明，中国的经济和社会动荡（"大跃进"，"文化大革命"）具有外溢效应。有的国家因为天高皇帝远，对此可以漠不关心甚至为战略对手出现麻烦而幸灾乐祸，但俄罗斯与中国比邻而居，拥有漫长边界线，同中国是唇亡齿寒的关系。反之亦然，中国是俄战略伙伴，对俄友好且奉行以和为贵的外交方针，中国更是产品远销俄罗斯及世界各地的世界工厂，中国的和平发展、不断进步自然符合俄的长远利益。从中国领导人的多次讲话及俄中签署的双边文件来看，中国政府也对俄秉持同样的看法，苏联解体在中国引起的忧虑与关切就是最好的例证。

俄中关系发展历程也证明，不断巩固领导人、企业界、学术界及民间等各层级互信十分重要。近年来，俄中之间建立起的多层级立体对话机制在这方面发挥着不可替代的作用。除中国以外，俄未同其他任何国家建立如此完备的双边机制。在该机制框架下，双方可就彼此的所做所想深入交流，照顾彼此关切，解决具体问题。

要深化互信，就必须全面巩固两国关系的社会基础。世代友好是俄中双边基础文件的核心要义，这不仅是从俄中两国人民友好的悠久历史中萃取的重要经验，更是需要双方共同努力实现的重要政治任务。

最后，在我看来，75 年的双边关系发展历程最重要的经验是：友好合作完全符合俄中两国利益及两国人民期待，有助于推动两国经济社会发展和强化外交能力，而互不信任、搞对立对抗则会彼此损耗。正因如此，俄中领导人共同作出郑重宣示，将世代友好、永不为敌。

我认为，不断发展深化对华战略协作伙伴关系是俄罗斯在苏联解体后最大的外交成就。对华关系是俄亚洲政策的重要组成部分，极大地扩大了俄在国际舞台的活动空间。中方也一直高度重视与俄罗斯的伙伴关系。

尽管文明冲突论甚嚣尘上，但俄中作为两个大国，虽然差异不小，却塑造了和平、互利、友好、合作的典范（或者说模板），一道为维护地区与世界和平稳定作出巨大贡献。当代人应该铭记，这笔财富来之不易，需要倍加珍视呵护，不忘过往，深耕未来。

拿破仑曾说，中国是一头沉睡的巨兽，一旦醒来将会震撼全世界！令众人欣慰的是（也有些人并不高兴），中国确实苏醒了，她为推动全球发展、构建公平公正的国际关系作出积极贡献，并在这一过程中不断深化同俄罗斯的战略协作伙伴关系。

落笔一刻不胜感慨，中国——让我一见钟情定终身。

　　伊戈尔·弗拉基米罗维奇·莫尔古洛夫，出生于 1961 年 5 月 4 日。俄罗斯联邦驻中华人民共和国特命全权大使。

　　1983 年，毕业于莫斯科国立罗蒙诺索夫大学亚非学院。1984 年起，工作于苏联对外贸易部系统，包括苏联驻华贸易代表处。1989—1991 年，任苏联共产党中央对外联络部中国处翻译科员、高级科员。1991 年起，在俄罗斯外交部系统工作。曾在外交部中央机关和国外（中国、美国、日本）担任过不同的外交职务。

　　2006—2009 年，任俄罗斯联邦驻华大使馆公使衔参赞；2009—2011 年，任俄外交部一亚局局长；2011 年 12 月—2022 年 9 月，任俄外交部副部长；自 2022 年 9 月起，任俄罗斯联邦驻中华人民共和国特命全权大使。

　　俄罗斯中国友好协会副主席。莫斯科大学亚非学院董事会成员。

　　通晓中文和英文。

俄中关系是我们共同的财富

伊·弗·莫尔古洛夫

（俄罗斯驻中国特命全权大使）

尊敬的各位读者！

呈现在您面前的这本《大使回忆》是纪念俄中建交 75 周年之作。在这个重要的时间节点，我们有必要回顾历史，弄清楚这个重要的日子里都承载着怎样的"岁月行囊"，用穿透历史的目光看待两国关系。

1949 年 10 月 1 日，中华人民共和国宣告成立，一个秉持"人民至上"的政权开始在这个世界上人口最多的国家执政。苏联对此表示热烈欢迎，在新中国成立的第二天即同其建立外交关系，成为世界上第一个同新中国建交的国家。新中国成立初期，苏联在社会和军事建设方面给予了大量无私援助。

遗憾的是，我们两个国家的"蜜月期"是名副其实的，却是短暂的，曾拥有双方交往中的一段"浪漫"。由于双方不是总能正确判断对方的意图，还彼此互有不切实际的期待，导致发生严重分裂，两国关系持续二十年气氛复杂，事态一度发展到双方都借助第三方来"遏制"对方。

然而，35 年前，也就是 1989 年，双方从自身的国家利益和对人类命运的责任感出发，做出双边关系正常化的历史性决定，为两国关系稳步发展并达到如今前所未有的高水平奠定了基础。事实上，双方的相向而行早就开始了。这可以苏联领导人勃列日涅夫1982年3月的"塔什干讲话"为起点，标志着两国转向开启双边关系正常化的进程。苏联领导人当时表示，应在相互照顾彼此利益、不干涉内政、互利、不针对第三方的基础上改善苏中关系。就是在塔什干，莫斯科还重申了世界上只有一个中国的原则立场。正是这些原则此后成为两国发展战略伙伴关系的基础，并在2001年签署的基础条约《俄中睦邻友好合作条约》中以法律形式固定下来。两国宣布构建战略伙伴关系的表述第一次出现是在1996年签署的《俄中联合声明》中。

有人要问，今天的俄中关系同上世纪50年代的苏中同盟关系有何区别？我认为，答案在于双方摒弃了意识形态色彩，作出务实选择，彼此尊重对方自主选择的发展道路，放弃"主从"关系模式，发展非结盟关系，两国友好不针对第三方。当然，双方实现这些目标花了不少时间，这期间两国领导层历经更替，但所有的努力都没有白费，双方收获了真正的战略成果。两国关系提质升级的最重要体现是彻底解决了历史遗留的边界问题，以及2001年在加强边境地区信任机制基础上成立了上海合作组织。

在普京总统和习近平主席的引领下，俄中关系迎来真正的辉煌时期，成为21世纪世界大国关系的典范。一方面，这是客观发展的结果：俄中伙伴关系日渐成熟，展示出"巡航速度"。另一方面，两国领导人的个人关系发挥了至关重要的作用。普京总统和习近平主席之间有高度的默契，两位领导人均高瞻远瞩，不仅从本国利益出发，还深入思考如何更好地将自身利益同邻国及其他建设性伙伴国家的关切结合起来。这充分体现在俄方"大欧亚伙伴关系"和中方共建"一带一路"倡议上，两个倡议的对接为整个欧亚地区合作和共同繁荣开辟了广阔前景。

在俄中关系中，持续扩大的物质基础起到了重要作用。我们两国是世界上面积最大邻国，经济互补性巨大。我们这里不谈两国在某些领域的单方面优势。例如，俄中都掌握现代技术，但俄罗斯在基础研究、军事和航天技术上具有传统优势，而中国则擅长于面向大众市场的应用开发，再加上有强大的工业基础，"技术诀窍"以极快的速度转化为生产。两国都有丰富的自然资源，但种类不同。这种经济结构使俄中成为天然伙伴，而非竞争对手。

2023年，俄中双边贸易额超过2000亿美元，提前一年实现两国元首确定的目标。在规划务实合作前景时，双方均认为今后的增长不仅在"数量"，更要在"质量"。首先要形成一个牢固的产业技术结合，利用双方各自优势，突破西方针对俄中发动的不正当竞争，为世界提供最好的产品。如今，实现这一目标的条件已经具备。在传统能源贸易继续发展的同时，我们希望加工领域高附加值合作项目占比不断提升。双方要继续推进民用航空、太空探索（包括探月等）、现代信息技术、人工智能等领域合作，在清洁能源领域协调行动，共同抵御在多边机制中推行歧视性做法的企图。

要特别重视人文领域合作，尤其是面向青年的合作。俄中青少年有时容易受到西方不良文化或由外国文化衍生的本国文化产品的影响，因此必须创作具有本国特色、符合现代技术水平和审美标准的创意作品，弘扬稳固的家庭观、爱国主义、责任感、追求公平等俄中共同传统价值观。要在文艺作品中歌颂两国共同的光辉历史，如当年如何并肩英勇战斗、将世界从德国法西斯和日本军国主义中解放出来等等。相信2024—2025年举办俄中文化年将为该领域合作注入强劲动力。

俄罗斯在台湾问题上坚定支持中国，认为台湾是中华人民共和国不可分割的一部分。中国同样支持俄方维护主权、领土完整和国际事务中合法权益的努力。我们双方均认为应构建长期稳定的欧洲安全架构。

令人非常可笑的是，一些国家面对自身在全球事务中的统治地位日益下降，企图给俄中两国扣上"修正主义大国"的帽子，称俄中要破坏

★ 2024 年 7 月 3 日，莫尔古洛夫大使（前排左 3）出席在钓鱼台国宾馆召开的中俄友好、和平与发展委员会老朋友理事会第二届全会

美国主导的"基于规则"的国际秩序。这显然是倒打一耙，因为这种西方对世界格局的理解从未被任何一份公认的国际文件所承认。俄中坚定捍卫联合国宪章宗旨和原则，从未对国际法断章取义，更不会为了服务个别国家的狭隘私利而炮制新的概念。世界大多数国家都明白这一点，因此他们支持莫斯科和北京的原则立场。当我们的权益遭到损害时，我们都坚决维护自身权益，相互给予坚定支持。这一点也体现在遭受外部非法制裁打压的俄中双边经贸合作方面。俄中在二十国集团、金砖国家等国际平台进行协调，共同致力于实现全球治理体系中更公平的角色分配。但这并不意味着我们要损害谁的权利，我们主张的是纠正世界经济金融体系和整个国际关系体系中存在的明显缺陷。

经常有人问，面对全球政治和经济领域发生的结构性变革，俄中关系前景如何？正在形成的多极世界中两国关系将如何发展？我相信，不管未来如何变化，莫斯科与北京的战略伙伴关系不仅不会变，反而将成为我们克服当前地缘政治动荡的支柱，引导人类社会走上真正平等的康庄大道，推动世界各国在相互尊重、信任、照顾彼此利益的基础上共同解决国际社会重大发展和安全问题。形象地说，我们两国的友谊就像一座"灯塔"，照亮所有志同道合国家的前行。这是我们两国的财富，更是全世界的财富。

后 记

应本书编撰及出版中方协调人周晓沛大使邀请,我奉命作此后记,简要介绍本书的撰写过程,并谈谈个人对俄中关系发展的看法。

首先,同外交领域真正的专家、大师们一道工作是一次无与伦比的经历。他们耕耘数十载,化解重重困难,推动俄中合作取得累累硕果。显然,他们不仅仅是专家,更是彼此多年的好友,他们从合作中收获莫大欢愉,并愿同读者分享自己的所见所闻。在历时近一年的编撰过程中,俄中合著者们就各个方面问题展开热烈讨论,尽管有时意见相左(譬如关于书中某些部分的结构和装帧),但这从未成为工作中的绊脚石。我们总能通过建设性交换意见,找到双方都满意的处理方案,不断向前推进工作。本书中还收集了诸多作者们收藏多年的有趣照片。

本书众多作者间有着深厚的情谊,而周晓沛大使担任中方主席的老朋友俱乐部做出了卓越贡献。我认为,在下一代外交官以及研究俄中关系的专家之间,继续传承这种合作精神十分重要,我们必须将友谊与合作的宝贵经验代代相传。

我成长于一个外交世家。曾就读于莫斯科国立大学亚非学院社会经济系,在校期间学习中文,1999年毕业后进入私企工作。目前我从事咨询指导工作,主要帮助亚洲投资者对项目进行可行性研究,以及帮助其制定进入俄罗斯市场的战略。我非常了解,为了捍卫企业自身的商业利益，俄中双方通常都带着一股"不服输"的精神，就价格条款、物流、支付结构和条件、风险最小化，以及投资项目和贸易协定的各个方面进行谈判。商业场上有这样一句话："交情归交情，生意归生意。"诚然，每家公司追求自身利益，关切盈利和效益无可厚非。然而，生意不只关乎金钱，它更像是一张庞大的人际关系网，要想获得成功，就必须与身处其中的人合作。这种关系的好坏决定着企业的业绩，最终也并非只有一纸合同，许多关系持续了数年甚至几十年，具有特殊的意义，不仅给予我们事业成就感，还给我们的生活增添了完全别样的色彩。生意不是一两天就能谈成的，但更多时候，和这些伙伴建立起互相尊重的友好关系才能历久弥坚。俗话说得好，"银子用得完，交情用不完"。

我认为，互信在俄中商贸关系中至关重要。目前，该领域各类合作发展迅速、体量庞大。但无论是中方伙伴，还是俄方伙伴，往往不会在一开始就袒露想法，而是要等合作进入更加成熟的阶段，要么就是在最后一刻突然变卦。本书讲述了外交官们在这方面的专业经验，有许多地方值得企业界的朋友们学习。尽管出现了分歧，但他们愿一同开诚布公地讨论问题，共同寻找互利的解决之道，即使这个问题不是立刻就能解决的。

与此同时，外交官之间有诸多非正式的沟通交流渠道，以及各种非正式会谈和研讨。对于工商界以及其他领域而言，什么样的活动最有助于拓展人脉？必须要吸引青年一代参与其中，包括商人、学者、国家和地区组织代表，文艺界人士、媒体记者等。激活民间外交将帮助俄中各领域合作人士重新审视双边关系，进而赓续两国的传统友谊和互利合作！

本书描绘了俄中两国关系发展史的全貌。双方携手消除重重障碍，建立起了新时代全面战略协作伙伴关系，完全符合两个伟大邻国及其人民的根本利益。本书由两国知名外交官所著，其中讲述了许多他们亲历的重大事件，因此本书也是两国年轻学者从事俄中研究的宝贵教材，而对俄中双边关系和国际事务感兴趣的大众读者而言，本书也将大有裨益。

安·叶·阿法纳西耶夫
（本书协调人、俄方责任主编）